映画「大日向村」ロケシーン（1940 年、前進座提供）

前進座新劇「大日向村」パンフレット

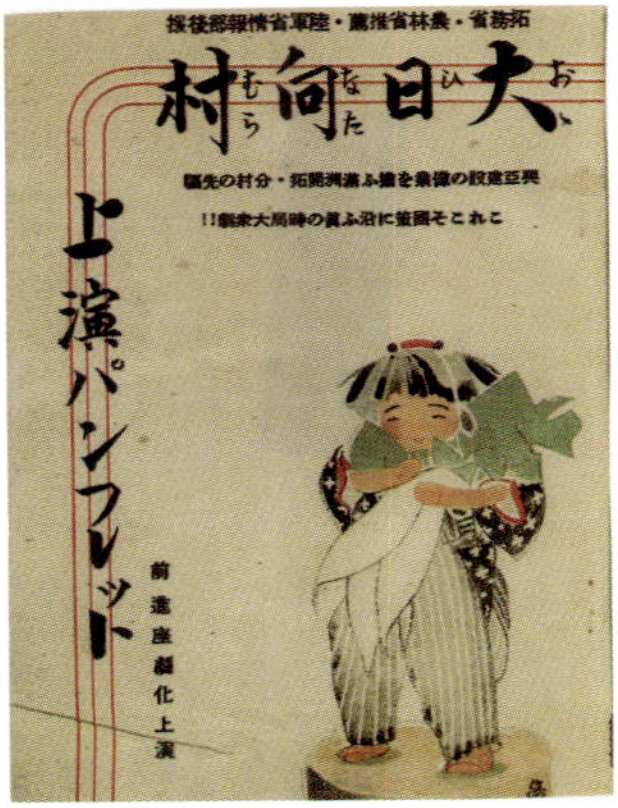

和田傳　小説『大日向村』表紙

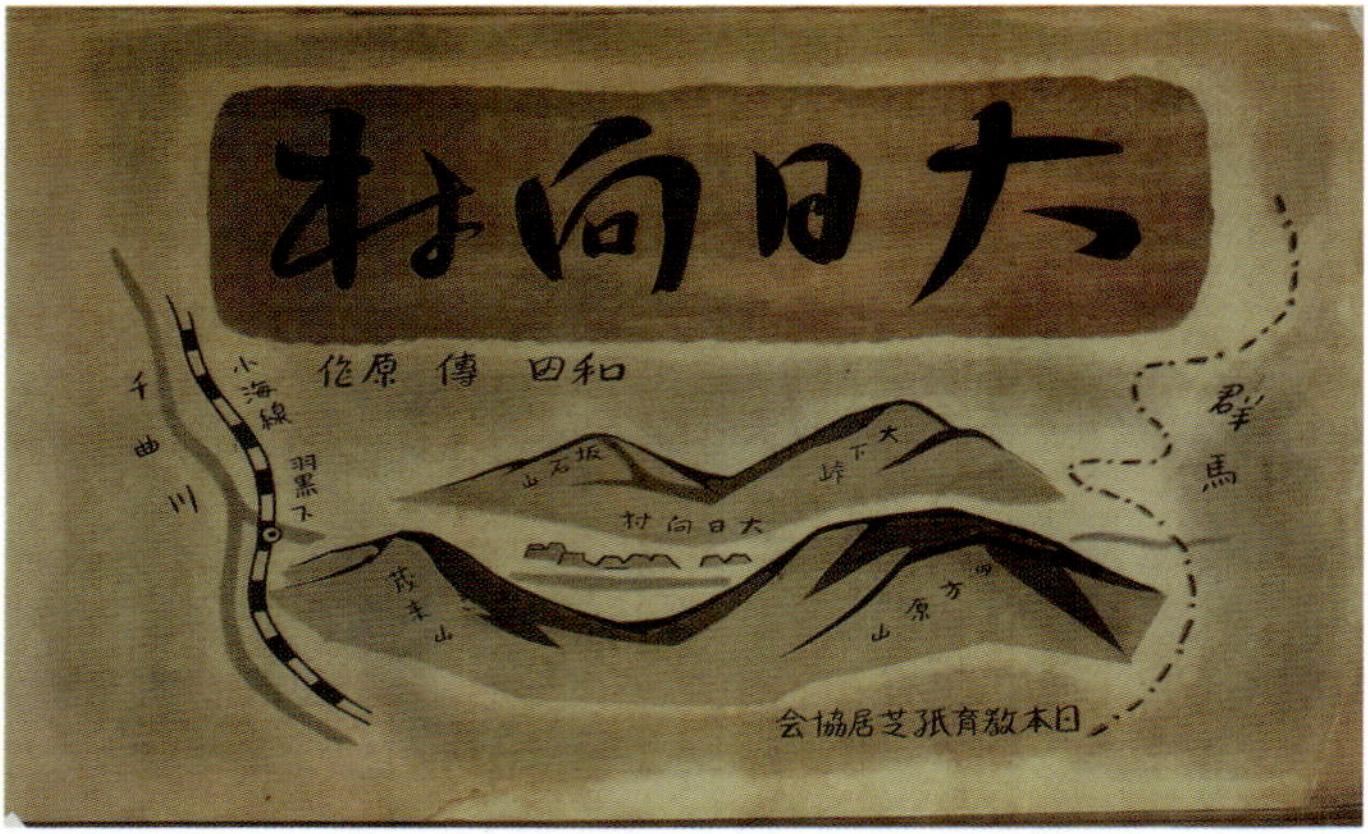

紙芝居「大日向村」表紙（上）と一場面（右）

昭和天皇巡幸（1947 年、『秋の信濃路　巡幸記念写真帳』）

前進座新劇「大日向村」パンフレット　配役と梗概

Shinmai Sensho 信毎選書

満州分村の神話
大日向村は、こう描かれた

伊藤純郎

Ito Junro

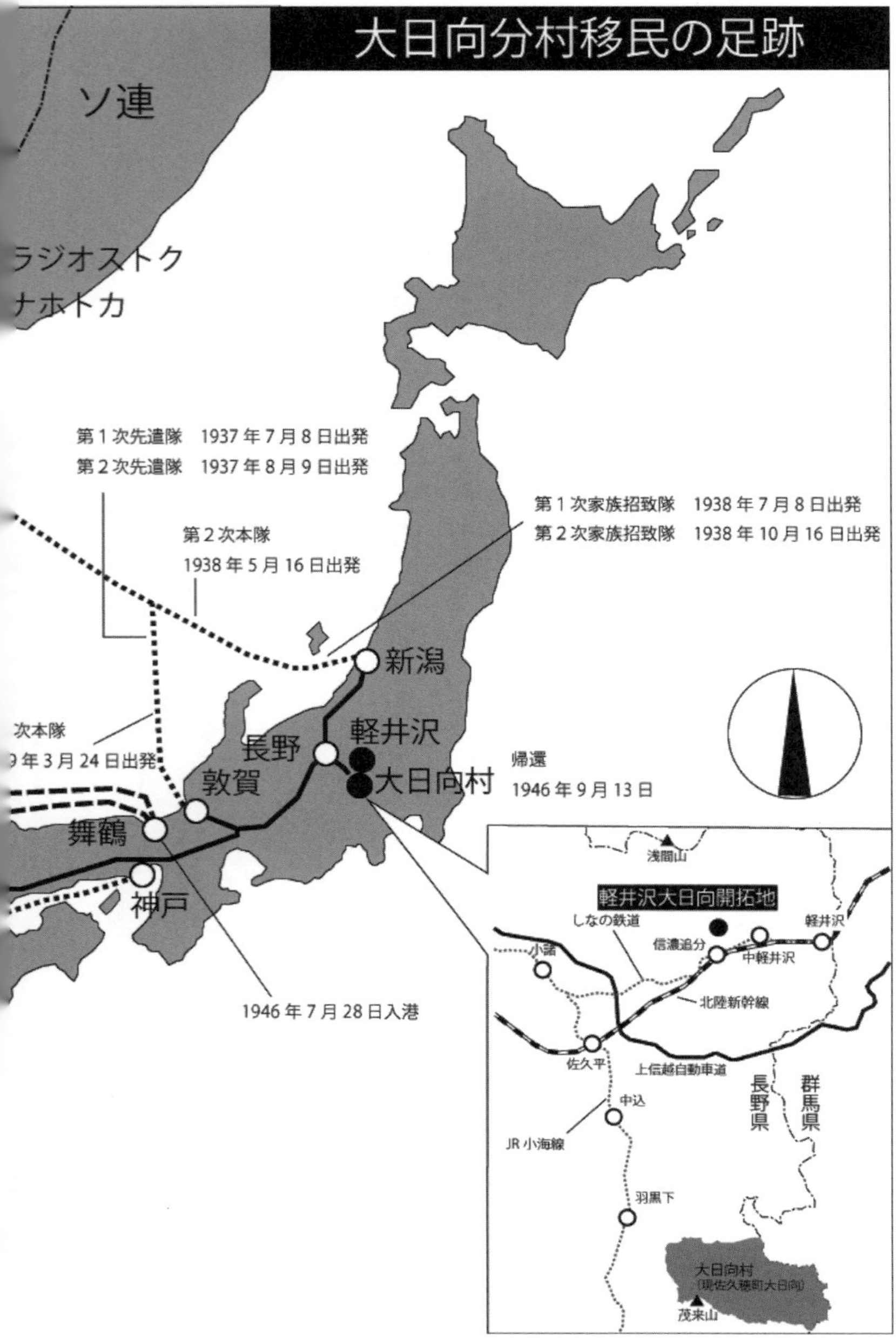

大日向分村移民の足跡
ソ連
ラジオストク
ナホトカ
第１次先遣隊　1937年7月8日出発
第２次先遣隊　1937年8月9日出発
第２次本隊
1938年5月16日出発
第１次家族招致隊　1938年7月8日出発
第２次家族招致隊　1938年10月16日出発
新潟
軽井沢
長野
大日向村
敦賀
次本隊
9年3月24日出発
帰還
1946年9月13日
舞鶴
神戸
1946年7月28日入港
浅間山
軽井沢大日向開拓地
しなの鉄道
信濃追分
軽井沢
小諸
中軽井沢
北陸新幹線
佐久平
上信越自動車道
中込
長野県
群馬県
JR小海線
羽黒下
大日向村
(現佐久穂町大日向)
茂来山

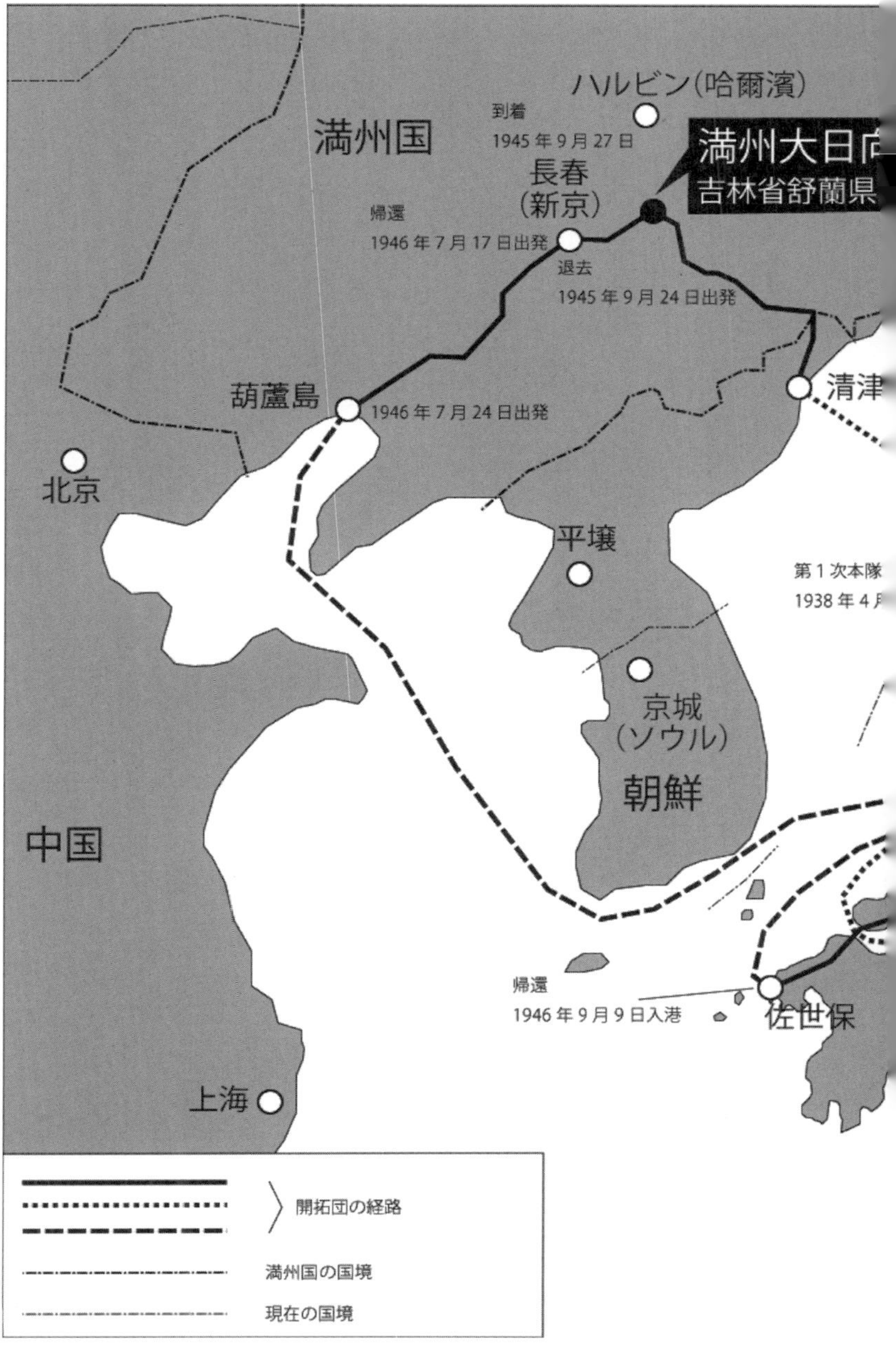
ハルビン(哈爾濱)
到着
1945年9月27日
満州国
満州大日向
吉林省舒蘭県
長春
(新京)
帰還
1946年7月17日出発
退去
1945年9月24日出発
清津
葫蘆島
1946年7月24日出発
北京
平壌
第1次本隊
1938年4月
京城
(ソウル)
朝鮮
中国
帰還
1946年9月9日入港
佐世保
上海
開拓団の経路
満州国の国境
現在の国境

目次

満州分村——プロローグ

村を挙げて満州大陸へ

一九三八（昭和一三）年七月二七日付で朝日新聞社から発行された週刊写真誌『アサヒグラフ』第三一巻第四号に、「村を挙げて満州大陸へ　信州大日向村《おおひなたむら》の国策分村大移住」と題して、次のような文章が掲載された。

村を挙げて満州大陸へ　信州大日向村の国策分村大移住
荒ぶる大地魁《さきが》けて　打出す斧《おの》に　はた鍬《くわ》に
　雄飛日本の先駆者と　勢ふ我等に力あり　オヽ　満州大日向村
少年音楽隊の奏する「満州大日向村建設の歌」は、朝まだき山村の山々に谺《こだま》して、大陸建設の勇士等を送る数百村民壮行の隊伍は今、川沿ひの県道を埋めて粛々と進む。七月八日、長野県南佐久郡大日向村分村移民家族二十七戸、百廿《にじゅう》名の新大陸への大行進である。
千曲川の支流抜井《ぬくい》川に沿ふ長さ二里半、幅一里半の細長い村——大日向村はその名は大日向村でも、午前九時になつて漸《ようや》く太陽の光に浴し、午後三時には早くも黄昏《たそがれ》が迫ると云つた谷底で、むしろ大日蔭《おおひかげ》村と呼びたいやうな山間の僻村《へきそん》である。

満州と呼ばれた中国東北地方に、村を挙げて家族ともども移住した「大日向」という村の記事である。

この記事には、ページの半分を割いて次のような写真も掲載された（図1）。

日の丸を掲げた大日向尋常高等小学校の少年音楽隊が演奏する「満州大日向村建設の歌」を歌いながら、国鉄小海線羽《は》黒下《ぐろした》駅に向け、抜井川沿いの街道を進む一行である。まるで村民が総出で、出征兵士を見送っているような写真である。

「大日陰村」と呼びたい村

記事で紹介された大日向村（現佐久穂

【図1　羽黒下駅へ向かう一行『アサヒグラフ』第31巻第4号】

町大日向）は、長野県南佐久郡の東部に位置し、十石峠を経て群馬県多野郡上野村、大上《おおがみ》峠を経て北甘楽郡尾沢村（現甘楽郡南牧村）と接する柏の葉のような形をした村である。

十石《じっこく》峠から流れ、海瀬《かいぜ》村（現佐久穂町）で千曲川と合流する抜井川。その抜井川に沿うように、武州街道と言われる県道岩村田・万場《まんば》線が貫通し、沿線に馬返《まけし》・古谷《こや》・刈又《かりまた》・宿《しゅく》戸《ど》・矢沢・水堀・平川原・本郷・下川原の九つの集落が形成されていた。村の南方、小海村（現小海町）との境に聳《そび》える山は、標高一七一七・八ｍの茂来山《もらい》である（図2）。

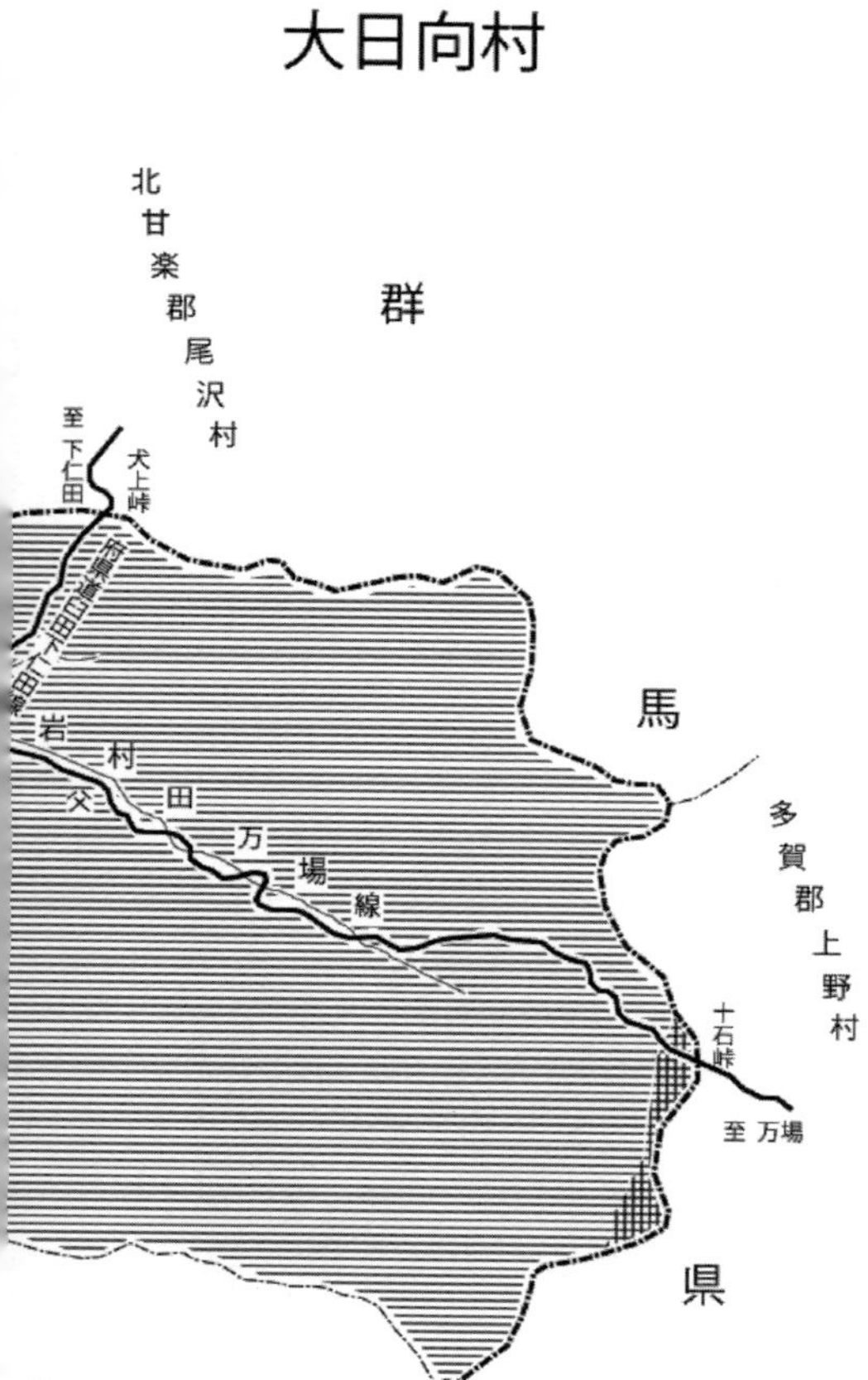

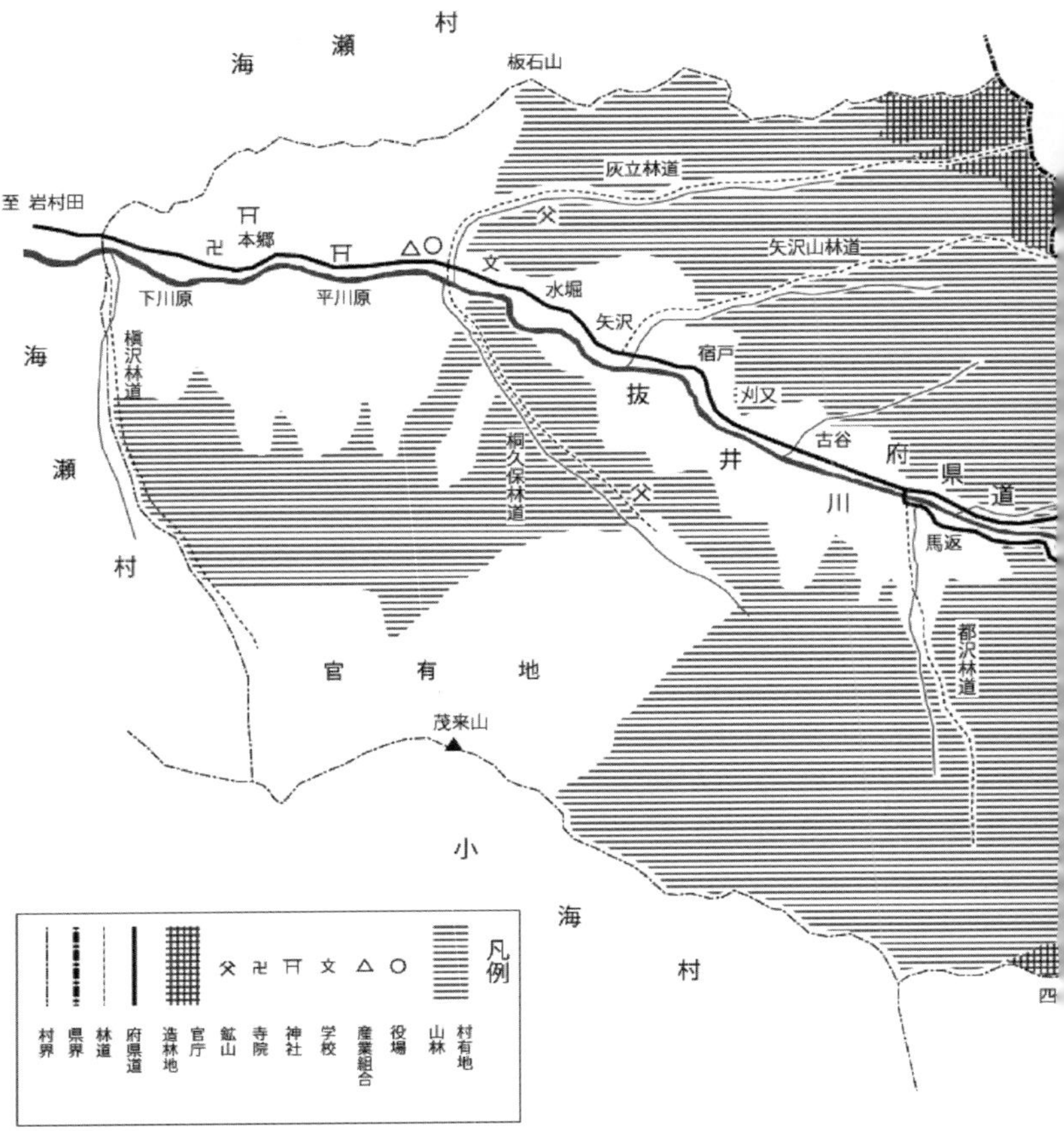

【図２　「大日向全図」『昭和十五年五月調　大日向村勢一覧』】

村の総戸数は四〇六戸。うち農家が三三六戸、炭焼きを主とする林業が四〇戸を占めた。土地面積の九割は山林と原野で、残り一割が生産力の低い耕地であった。ここから収穫する米や小麦では四、五か月分しか自給できず、村民は、養蚕と炭焼きによる現金収入で飯米やその他の生活必需品を購入し、何とか残りの七、八か月を食い繋いでいた。

大日向とは名ばかりで、むしろ「大日蔭村」と呼びたいような山間の僻村——。この表現は、こうした大日向村の経済状況をも的確に表していた。

なぜ満州へ

なぜ、大日向村は「村を挙げて満州大陸」へ移住したのか。この解答を、『アサヒグラフ』の記事は次のように解説した。

昭和五年来全国に暴れ狂つた農業恐慌の嵐はこの山村までも容赦なく吹き巻つて、おかひこ景気の夢は年毎に崩れ、残る唯一の収入源である村有林も濫伐《らんばつ》につぐ濫伐で、気がついた時は全山既に丸坊主になつてゐた。

不運は更に不運を呼んで、村政は紊乱《びんらん》し、人気は荒廃して、遂に県庁の役人が職務管掌に来ると云つた具合で、村長を引き受ける者すらなくなった。

村人は只手《ただ》を拱ねて為すところを知らず、大日向村は全村暗黒に閉されて本当の大日蔭村に堕《だ》して了つた。

しかし、昭和十年、村にも漸く希望の曙光《しょこう》が見えて来た。「自分の村を他人様に治めて貰ふといふ情ない話はない」——現村長浅川武麿《あさかわたけまろ》氏は敢然職を捨てゝ村へ飛び帰り、村の産業組合の生みの親であり、育ての親でもある堀川専務と固く〳〵手を握り合つて両者共々不眠不休、村の建直しに懸命の努力を傾倒したのである。

文中にある「村政は紊乱し」とは、『中信毎日新聞』が「大日向疑獄事件」「大日向自治機関混乱」と報じた、大日向村役場首脳部による業務上横領事件をさす。

昭和恐慌で繭《まゆ》の価格が暴落すると、多くの村民はますます炭焼きに依存するようになった。この結果、炭の生産量は上がるが価格は下落する、山林の伐採が進み、はげ山がうまれるなどの悪影響が生じた。こうした経済的危機に加え、一九三四（昭和九）年一〇月に明るみになった「大日向疑獄事件」が村を直撃する。

大日向村が「全村暗黒に閉されて本当の大日蔭村」になった状況のなか、早稲田大学政治経済科に進み、卒業後は東京で出版事業を経営していた浅川武麿が、産業組合専務堀川《ほりかわ》清躬《きよみ》らの強い要請により、一九三五年六月、新たに村長に就任した。

かくて最後に到達した結論は、「人口が多過ぎるのに、土地が狭過ぎる」といふ全日本農村共通の苦悶であつた。

蜜蜂も仲間が増えれば分蜂する、一軒の家でも家族が多くなれば分家をするではないか。村でも住む人が多くなれば分村するのに何の不思議があらう。

昨十二年春村会は満場一致「大日向村満州国分村移民規定十四ケ条」を通過し、村を真二つに割つて全戸数の半分二百戸を一まとめに満州の新天地に移し、こゝに第二の大日向村を建設することに決定した（『アサヒグラフ』第三一巻第四号）。

人口が多過ぎるのに、土地が狭過ぎる――。日本各地の農村に共通するこの課題を解決する手段として、大日向村は、一九三七（昭和一二）年三月、「村を真二つ」に割り、「満州の新天地」に「第二の大日向村を建設」する満州分村を決断したのである。

満州分村とは

「満州国」が誕生した一九三二年から、アジア・太平洋戦争が終了する一九四五年に至るまで実施された満州移民／開拓政策により、満州へ移住した人びとを満州移民という。「満州国」内の日本人の人口を増やす、対ソ戦に備え人的資源を確保するといった関東軍の政治的・軍事的な要請や、恐慌で疲弊した農民の救済、農村の過剰人口を「満州国」に移すといった拓務省・農林省の経済的な要請で行われた。

このうち満州分村とは、農山漁村経済更生運動の一環で、過剰な農家を満州移民として計画的に村より送出することで満州に分村を建設し、残った農家の耕作面積を増加させて母村（元村）の経済更生をはかることを目的としたものである。

村を挙げて一家で集団的に満州に移住すれば、①婦女子や子どもの渡満がスムーズに進む、②農山漁村の固有の美風である「隣保共助の精神」を移住地でも維持することができ定着力が増す、③土地と人口の調和を図ることで経済更生が実現する、④各機関の指導協力が得られ、地主・債権者等の反対を緩和できる、⑤母村と分村が常に互いに相通じ、共存共栄の実を挙げることができるなど、「真に自治再建運動として限りない長所をもつ」ものとされた（『満州開拓史』）。

一家が分家するように、またミツバチが分蜂するように、満州に分村（子村）を作る。元村（母村）では経済更生計画を実施し負債を解決する。これが満州分村であった。

満州分村を最初に実行したのは宮城県北部に位置する遠田《とおだ》郡南郷《なんごう》村（現美里町）である。一九三六年度から一九三九年度までの四年間に、一〇〇〇戸余の農家の約四割に当たる四〇〇戸余を満州に送出し第二の南郷村を建設することにより、母村の経済更生を計ろうとした。

続いて、満州分村を実行したのは山形県東田川郡大和《やまと》村（現庄内町）で、一九三七年度から五年間に過剰農家二〇〇戸を満州に送出する計画であった。大和村の分村計画は近隣町村にも波及し、東田川・西田川・飽海《あくみ》の三郡が「満州大庄内郷」を建設する分郷《ぶんごう》計画へと発展した。

大日向村の分村計画は、南郷村・大和村に続くものであるが、農山漁村経済更生運動のなかで計画され、わずか二年という短期間で、しかも村単独で二〇〇戸から三〇〇戸を満州へ移住させ、独立した分村である「満州大日向村」を建設する点が特徴であった（『満州開拓史』）。

【図３　1938 年 7 月 19 日付『東京朝日新聞』】

農山漁村経済更生運動のなかで満州分村が国策として位置付けられると、満州分村・分郷計画は多くの町村で立案・実行された。一九三八年度（第七次）は大日向村と「庄内郷」の二村、第八次は長野県富士見村・川路村・泰阜《やすおか》村・上久堅《かみひさかた》村・千代村・読書《よみかき》村・蓼科郷、埼玉県中川村、香川県栗熊村、石川県鹿西郷・町野郷・白川郷、新潟県荒川郷、山形県庄内郷・東村山郷、秋田県男鹿郷に及んだ。第九次は各県にわたり、一二分村・三七分郷となり、第一〇次は一〇分村・二六分郷となった。農林省が費用を助成した分村計画樹立指定町村は、第七次は二七二町村、第八次は二九四町村、第九次は二三九町村を数えたという（『満州開拓民概要』）。

この満州分村のモデルとされたのが、大日向村である。事実、こうした期待を物語るように、『アサヒグラフ』の記事は以下の文章で終わる。

大日向村分村計画は、今秋更に残りの百名を送り、来春までにはその家族招致をも完了して、吉林を北へ去る数里の沃野《よくや》、舒蘭《ジャラン》県四家房《スージアファン》に新分村を確立する予定であるが、その時こそ母村と分村とは遠く海は距てゝも共に手に手を相携へて、大日向村――いや新日本農村の建設といふ大和民族に課せられた歴史的大使命遂行のために、雄々しき世紀の巨歩を踏み出すことになるわけだ。

かくて満身創痍悪戦苦闘久しかりし大日向村も、こゝに於て始めて大切開の傷も癒えて、その名の示す如く遍く太陽の照り輝く幸福と平和の村に立返り、同時に全日本一万町村の農民達もこの先駆者達の貴重なる体験を汲《く》みとつて、日本農村再建の画期的大運動に挺身《ていしん》参加することになるであらう(『アサヒグラフ』第三一巻第四号)。

描かれた「大日向村」

大日向村は、週刊写真誌『アサヒグラフ』や満州移住協会が発行した機関誌『拓け満蒙』をはじめ、和田傳《つとう》の小説『大日向村』、劇団「前進座」の特別大公演「大日向村」、映画『大日向村』(東宝映画配給)、教育紙芝居「大日向村」を通じて全国に喧伝された。

大日向村に続く、第二・第三の満州分村を創出するために、さまざまなメディアが大日向村に光をあて、わが国最初の満州分村を描いたのである。

大日向村の満州分村に関しては、長野県開拓自興会満州開拓史刊行会が編集・発行した『長野県満州開拓史』全三冊(総編・各団編・名簿編)に代表される多くの研究蓄積がある。その多くは、満州開拓政策史・満州移植民史、農業政策史の文脈から、村の政治・経済構造に重点を置いて考察する社会経済史的研究であったり、満州からの引き揚げで生じた混乱や悲劇に焦点をあてたものである。だが、大日向村の満州分村がさまざまなメディアのなかでどのように語られ、描かれたのかという視点からの研究は意外と少ない(「語られた満州分村移民、描かれた大日向村、満州」)。

本書は、メディアで語られ、描かれた大日向村の満州分村について、戦後、満州から引揚げ、浅間山麓に再入植した第三の大日向といわれる軽井沢大日向も含め記したものである。

本年は、満州分村を決定・実行した大日向村が、四家房に入植し、本隊を満州に送出した一九三八年から八〇年目にあたる。母村である佐久穂町大日向、第三の大日向といわれる北佐久郡軽井沢町大日向でさえも記憶が薄らいでいる感が強い満州分村の歴史を改めて問い直したいと思う。

☆　☆　☆

本書では、中国東北部を示す「満洲」をはじめ、人名・地名・歴史用語などの漢字表記は、史料の引用部分も含め、すべて現用のものに統一した(ただし「主要参考史料・文献」の表記は除く)。また、史料の引用に際しては読み易さを考慮し適宜句読点やルビを付けるとともに一部補注を加えた。さらに、今日の人権意識からみれば不当・不適当と思われる差別的な語句・表現が史料中に散見されるが、原文を正確に伝えることが学術的に大切であると判断し、そのまま使用した。

なお、満州移民／開拓政策に関しては、時期に応じて、移民／開拓民、移民団／開拓団、移民地・移住地／開拓地を使用した。

満州分村大日向

大日向村の分村計画

村を二つに割る

大日向村が満州分村のモデルとされたのは、分村計画の実行から完了までの期間が二年という短期間で、しかも村単独による「単村分村」であったことによる。大日向村／満州大日向村がどのように語られ、描かれたのかについて述べる前に、満州分村までの経緯を確認しておきたい。

大日向村が満州分村を決定したのは、一九三七（昭和一二）年三月二〇日のことである。村長の浅川武麿やのちに満州大日向開拓団長となる堀川清躬をはじめとする役場・学校・農会・産業組合の役職員で構成された「四本柱会議」が提案した分村計画が、経済更生委員会で満場一致で決議された。

経済更生委員会では、分村計画が遂行されず「世の物笑いの種」になる時や「中途画餅《がべい》に帰する」場合は、委員が率先して移民団に加わり渡満するという誓約書が作成された。ただここからは、経済更生委員は元村に残って分村計画を推進する側であり、実際に渡満する者は村内での生活維持が困難な貧困層の家族や次三男が想定されていたことがうかがえる。つまり、「村を真二つ」に割るとは、『アサヒグラフ』が報道したような経済更生委員や地主から中農・貧農にいたる経済的な階層をそれぞれ縦に割ることではなく、経済的に高い層（地主・中農）と低い層（貧農や次三男など）を上下に区分し横に割ることであった。

満州分村を決断した大日向村は四月一六日、分村計画の中心人物で、自ら渡満する決意を固めていた堀川を満州移民村の草分けである弥栄《いやさか》村に派遣した。弥栄村とは、退役した軍人の団体である帝国在郷軍人会のなかで、東北・関東・信越一一県の在郷軍人会が送出母体となった第一次試験移民団が、一九三三年二月にソビエトとの国境に近い吉林省樺川県永豊鎮《えいほうちん》《ヨンフォンジェン》に開設した村である。

その後、堀川は、関東・東北・甲信越・北陸各県の帝国在郷軍人会を送出母体とする第二次試験移民団が七月に入植した樺川県湖南営《こなんえい》《フナンヨン》の千振《ちぶり》村と、長野県を送出母体とする第五次試験移民団が一九三六年一〇月に入植した東安省密山県王家焼鍋塔頭湖甲《わんじゃうはうこたとほこう》《ワンジャシャオウグオタトオウフジャ》の黒台《こくだい》信濃村を訪問し、土質・農作物・気候など全般にわたり詳細に観察した。

現地視察から五月四日に帰村した堀川は、一四日までの一〇日間をかけ、村内の一六の部落常会で満州視察報告会を行った。

堀川が村民にどのようなことを語ったのかは定かではないが、満州から持ち帰った移民団の土壌や米・大麦・小麦・高粱《コーリャン》・大豆などの実物を手にした「満州語り」は、多くの村民に渡満を決意させるものとなったようだ。事実、「堀川さんが行くなら、私も行かう」という風に希望者が続出し、村民には「満州国大日向村建設事務所主任堀川清躬」の名で「移民の必要を説いた書簡」が配布されたという（「大日向村満州移民聞き書き」）。

五月一五日、大日向小学校を会場に、村民の三分の一にあたる七〇〇人の村民が参加して満州移民座談会と満州移民映画会が開かれ、「満州国大日向村先遣隊」の募集が始まる。先遣隊には四〇人が応募し全員が合格した。早くも一七日には、第一次先遣隊要員二一人が小諸にある長野県立御牧ケ原《みまきがはら》農民学校訓練所（修練道場）に入所し、西村富三郎場長の指導のもと、六月一六日まで約一か月の訓練を行った。

分村移民規定

六月一〇日、大日向村議会は、農林省特別助成金や農村経済更生資金をもとに、満州国分村移民規定を正式に決定した。

全部で一四か条からなる規定では、大日向村から満州へ一五〇戸を移植し、本村の戸数は二五〇戸、人口は一二五〇人以内とすることが記された（第二条）。昭和一二年度『大日向村勢要覧』に掲載された村内の戸口は四〇九戸、二一三三人であるから、戸数・人口ともに四〇％前後を分村に移植させる計画であった。

なぜ、一五〇戸を移植することにしたのか。この点について浅川は、「食糧の自給が大体可能になる計算となり、その上、三〇〇〇余町歩（一町歩は約一ha）に及ぶ山林の利用者が約半分に減るので、従来より一戸当りの薪炭原木を得る量が多くなる上、その一部をもっと有利な用材木に変更出来得て、元村に居残った者の経済更生の見通しは充分計算になるので、村内の戸数を明治十二、三年当時の二百五十戸一二五〇人程度に維持して行かうと云ふ事に決定した」と述べている（『大日向分村計画の解説』）。

続く、第三条以降では、分村で一戸を構えるものに五〇円の補助金を交付する（第三条）、分村移住者の債権・債務財産、移住者間の債権・債務の整理などは経済更生委員会に一任する（第四条）、分村移住者の残留家族に対する扶助や救護は一年に限り財産補助金で行う（第六条）など、分村移住者の負債・財産整理に関することが詳しく記された。

大日向村の分村計画は、特別助成金や経済更生資金という経済的な基盤、また経済更生委員会の支援をもとに立てられたことに留意したい。

規定のなかで最も注目されるのが、分村移住者で渡満後一〇年以内に帰還したものは「本村民の特権を認めず」、補助金を返還させるとした第八条である。この条文は『信濃毎日新聞』でも大きく報道された（図４）。

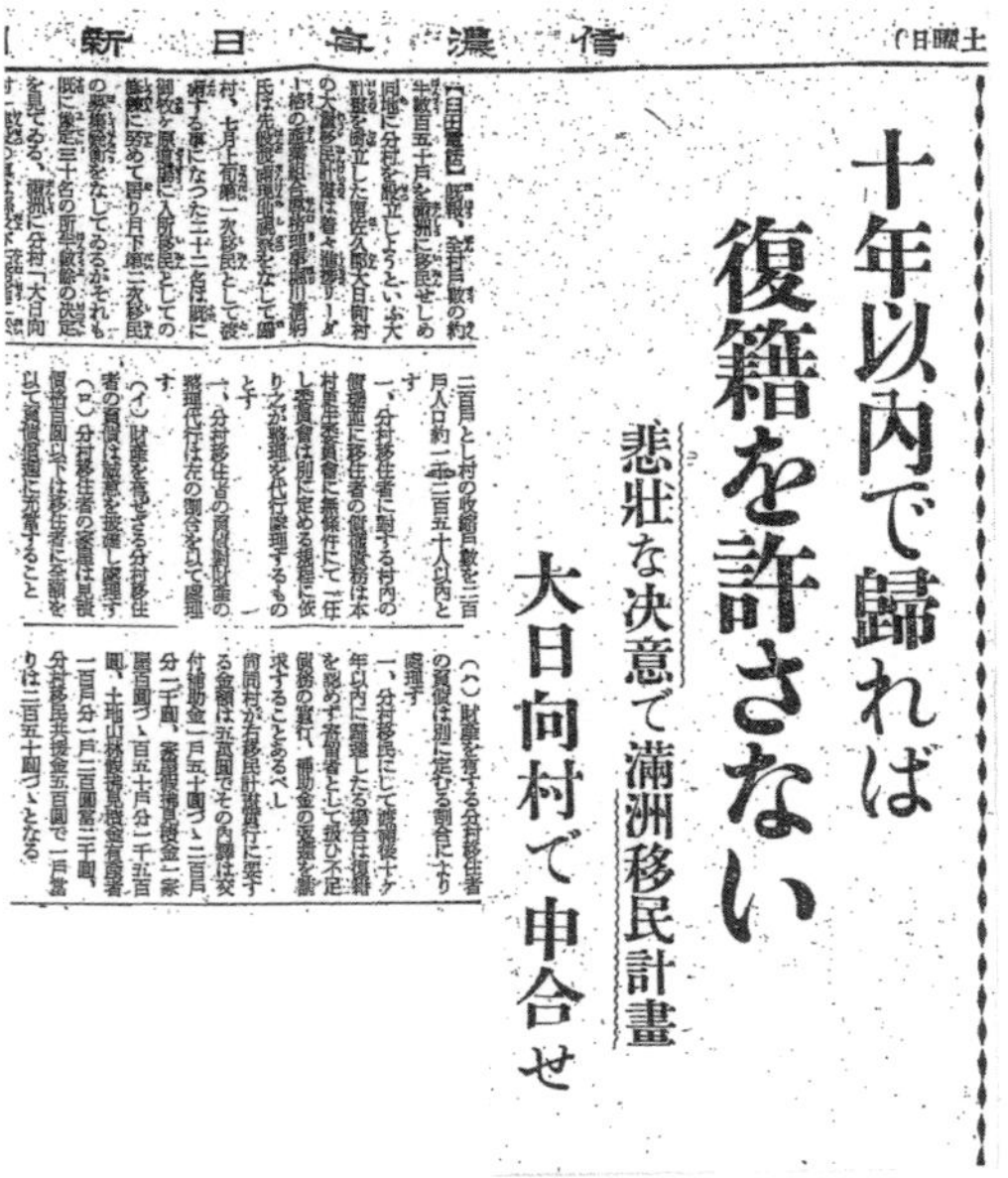

信濃每日新聞

十年以内で歸れば
復籍を許さない
悲壯な決意で滿洲移民計畫
大日向村で申合せ

【図４　1937 年 6 月 12 日付『信濃毎日新聞』】

渡満希望者がこの条文をどのように受け止めたのかはわからない。だが、分村移住者は「二度と母村に戻ることは出来ない」、それくらいの覚悟で渡満せよという条文は、分村計画のその後の展開に影響を与えたものと思われる。

盧溝橋事件が勃発した翌日の一九三七年七月八日、第一次満州分村先遣隊二〇人が、「本村未曾《みぞう》の壮行」と、大日向小学校教職員や五年生以上の児童生徒による羽黒下駅での見送りを受け出発した。隊員二〇人のうち妻帯者はわずか五人で、残りは独身の青年（最年少は二〇歳）であった。偶然のこととはいえ、先遣隊の送出が支那事変勃発の翌日に行われたことにより、満州分村は出征とならぶ「国家的奉仕」という語りが以後なされていく。

満州分村の決断から先遣隊の送出までわずか三か月。大日向村の分村計画は、満州移民政策に積極的であった長野県や経済更生運動を主導する農林省からの支援、さらには分村計画を先導した浅川や大日向移民団の団長に任命された堀川の指導力を背景に、短期間で実行された。

先遣隊を敦賀港で見送った浅川は、すぐに東京に向かう。七月一〇日に農村更生協会で行われる同協会と満州移住協会が開いた「分村計画を語る」と題する座談会に参加するためであった。

農村更生協会は一九三四年一〇月に設立された社団法人で、設立当初は経済更生計画の実地指導に力を注いでいたが、この頃は分村計画の推進に力を入れていた。

一方、満州移住協会は一九三五年一〇月に設立された拓務省の外郭団体で、翌年四月二五日付で創刊した機関紙『拓け満蒙』を通じて満州移民政策を積極的に推進していた。座談会における浅川の発言のなかで注目されるのは、以下の一節である。

満州移民といふことにつきまして、私の村は行詰つた村民の生活の打開が出来、又村の更生計画が実現される訳でありますが、と同時に所謂《いわゆる》国策としての満州移民といふ仕事をやらせて戴くことによって御国《みくに》に対する御奉公も出来る、実際之は一石五鳥のやうな仕事になつて居ります（中略）。

此問題は大きな社会問題たる農村問題を解決する、詰り日本人だけでなく、言換へれば之によつて日本農村が救はれると同時に、建設途上にある満州国の将来の発展に寄与することが出来る、洵《まこと》にこれこそ日満一体両国の共存共栄の理想の正業だと思ふ（『分村計画を語る』）。

浅川にとって満州分村とは、大日向村民の救済や大日向村の経済更生のみならず、国策としての満州移民への協力、日本農村の救済、満州国の発展に寄与といった「一石五鳥」

の仕事、まさに「御国に対する御奉公」として認識されていたことがわかる。

翌八月九日、県立御牧ケ原農民学校訓練所での訓練を終えた第二次先遣隊一七人が、大日向小学校で七日に開かれた壮行会を経て、浅川の引率により第一次先遣隊が訓練する千振村訓練所へ向け出発した。一七人のうち妻帯者は一四人。第二次先遣隊は、一家をあげての渡満、すなわち家族招致を意識した編成であった。第一次・第二次先遣隊は入植地が決定するまで千振村訓練所で訓練を重ねた。

一方、堀川は、八月三一日から九月九日まで茨城県友部で訓練を受けた後、九月一一日、敦賀港を経て渡満した。

全村教育

九月二四日から四日間、大日向小学校を会場に全村教育が開催された。これは、支那事変以降、分村計画に不可欠な青壮年層の応召が始まったことや、廃坑となっていた茂来山麓の鉱山が軍需景気により採掘を再開したことを受けて企画されたものである。支那事変が起き村内に軍需景気が生まれ、渡満を考えていた村民が鉱山労働者として村に残るという事態に対し、移民熱が「これ等一時的な現象」のために、「一歩でも後退させるようなことがあってはならない」と考えた浅川が、長野県知事や農村更生協会・満州移住協会理事を招いて開いたものである。

初日は戸主、第二日（主婦の日）は婦人会・処女会、第三日は青年団や男女青年学校生徒、最終日は壮年層を対象に行われた全村教育では、「農村更生と移民の必要」（長野県職業課）、「農村経済更生」（長野県企画課）、「満州移民」（満州移住協会）などの講演会・講習会を通じて、「全村民の精神的緊張と、時局下なればこそ益々満州移住が必要」であることが村民に強調された。さらに浅川は二七日から三一日まで、「部落懇談会」を開き、分村移民の募集を進めていく。

これと並行し、茂来山の麓に二町歩の国有林を借り受け、経済更生特別助成金から二五〇〇円を支出し、食堂・炊事場・浴室・便所などを付設した平屋建ての塾舎を建設し、渡満する家族の訓練も実施した。

満州分村の成功のカギは、軍需景気という好況のなか、いかに一家をあげての移住を促進させるかにあった。全村教育や塾舎での教育を通じて、分村計画が推進されていく。

『大日向村報』の創刊

大日向村の分村計画に重要な役割を果たしたのは、長野県・農林省など各種機関の支援、また浅川・堀川に代表される中堅人物の指導力に加え、「吾等が村の弥栄を企図」して一九三七年八月一五日付で創刊、大日向村役場から毎月一回発行された『大日向村報』であった。

創刊号では、満州国分村移民規定をはじめ、堀川「満州視察報告」、「満州国大日向村建設経過」、「満州からの便り」、「自治往来」などが紙面を飾った。

そのなかで最も注目される記事は、「大日向村経済更生計画実行速進に就《つい》て」と題し、六月三日付で村経済更生委員会分村移殖民事務所が村民に出した文書である。

本村更生計画の八大重点の大根本は、土地と人口問題、即ち満州国への分村計画である。之れが実行如何に依りて空論であるか?、実際であるか?、数年を経ずして効果を現す事が出来る。吾等の生活安定の鍵は実に茲《ここ》に始る。

故に新に満州国に大日向分村を建設する事に、残る者も、行く者も最善の努力を致し、一つは自己経済の建て直しに、進んでは村経済更生の為に、而《しか》も帝国々策に参加する事が出来得るのである。不言一筋に実行す可きである。理想の新天地肥沃の地、北満は吾等を招きつゝあり。

吾等の祖先は、天照大神様を始めとして新天地の開拓に転々数々の努力、現在の大日向村にするに至れるものである。既に先祖は吾等に其れを示し、子孫に永住の地を与へ給へり。断然起て、経済の戦線へ前後左右を顧みず、真一文字に突入るべきである。要は決心の二字、断行あるのみ。

国策として保護助成あり、村として計画援助あり。総ては協力一致相互扶助の実現である。

行け!! 新村の建設に、残れ元村大日向の建直しに、一大決心以て参加実行に当られん事をお願ひします（『大日向村報』第一号）。

「新村の建設」か、それとも「元村大日向の建直し」か。村に残る者も、満州に行く者も、「最善の努力」をせよ——。創刊号は、村民に「一大決心」を迫っていることがわかる。

くしくも同じ八月一五日付『信濃毎日新聞』も、「北満移民地帯を行く　満州大日向村の巻（上）」（（下）は翌一六日付）と題して分村計画を報じた。

満州は「天恵の天地」

『大日向村報』第二号（九月一五日）では、分村計画は「村民生活の安定」となり、「より良き村の実現」となり、しかも「国策遂行」という、内地の国民（銃後）として「一石三鳥の御奉公をなし得ると云ふ、極めて意義深き使命」であると述べた浅川村長の「非常時と銃後の護り」が第一面を飾るとともに、堀川「満州視察報告」（二）、「大日向村経済更生計画概要」（一）、「我国ノ現状ト吾人ノ覚悟」と題する論考が掲載された。

また、「自治往来」のコーナーでは、「送ル者、送ラル丶者共ニ万歳ノ嵐、茂来山狭ニ響ク、満州国大日向村建設ヲ約束スル反響デナクテナンデアロウ」と第二次先遣隊の出発の様子が詳しく報じられた。

さらに、「通信欄」のコーナーが第八面に新たに設けられ、「女子青年団へ満州から寄せられた通信」、先遣隊の堀川忠雄による浅川と堀川清躬にあてた「満州よりの通信」（第一信・第二信）、および堀川清躬が友部での訓練中に寄せた「満州に於ける衛生要項」が掲載された。

「女子青年団へ満州から寄せられた通信」では、「皆さんも決心して下さい。そして女神となつて満州に降下して、吾々と共に新村建設の為、又大和民族発展の為、皇国弥栄の為に御働き下さる様切に御願ひ致します」と、渡満をためらう婦女子が「女神」となって渡満するよう強く要請された。

こうした「通信」に対し編輯者は、「通信を拝見して、満州認識感を深めます。満州には狼も居ない。匪賊も出ない。気候は日本内地と変らない。変るのは広漠肥沃の土地と多量の食糧であると、満州は日本人に与へられた天恵の天地である。そして之れが建設は日本人に架せられた使命である。して見ると吾々は一日も座考して居る時でない。早く行つて日章旗の掲揚を一本も多く樹る事が日本人であるが為の義務ではあるまいか!!」と応えている。

一方、「満州に於ける衛生要項」は、郷里を離れ、渡満した初期に起こる「一種の精神作用」である「屯墾病《とんこんびょう》」に関する説明で、「心身鍛錬、農民魂、勤労精神の修養、即ち堅き信念信仰自制心等に依り病と云はざる程度に抑制せざる可からず。一言にして云はゞ堅き精神の保持者には罹《か》からぬ」ことが強調された。

さらに、第三号（一〇月一五日）では、六月一八日に来村し「農村更生と満州移民に関する座談会」を開催した農村更生協会理事の杉野忠夫による「満州殖民は最善の銃後の護」と題する文章が一面に掲載された。

大日向村民各位が大挙して満州に新村を作られるのは、日本国を守る最も有効適切なる銃後の守りを果たされるのであつて、誠に敬服の念に堪へない。

今や北支、中支、南支ともに戦局益々拡大、皇軍は連戦連勝、まことによろこばしい限りであるが、この戦勝のかげに、幾多の将士が日夜貴い血潮を流して居ることを思へば、銃後の守りの最後の線を守る農民が、目前の利益に、大義名分をあやまつてはならないことは云ふまでもないことである。

大日向村の分村計画が立派に遂行出来るか否かは、大日向村民が真の日本人であるか、それとも日本人の皮をかぶつた支那人か、何かわからぬ人間かの、わかれ道なのである。よく〳〵腹をすへて、しつかりやつていたゞきたいと心からいのつてやまない（『大日向村報』第三号）。


大日向村の分村計画が立派に遂行出来るかどうかは、大日向村民が「真の日本人」であるか、それとも「何かわからぬ人間」かの「わかれ道」であるという杉野の文章を、村民はどのような想いで読んだのだろうか。

そして、第四号（一一月一五日）第一面で、村民にむけ、大日向村の「分村計画」が次のように解説された。

個人の家でも人数が多くなれば分家をする。蜂が分蜂するのと同じ訳である。そして残つた村、即ち今や適当な人口と適当な耕地を得る事になつた元村では、これを機会に経済更生の計画を遂行して、負債の問題その他農村問題をこゝに解決する。満州に分けられた方は分村として、分家として、第二の村として理想どうりに新しい建設に進むのである。これを称して分村計画といふのである（『大日向村報』第四号）。

以後、『大日向村報』では、杉野「満州大日向村先遺隊を訪ふの記」、「満州大日向村先遺隊よりの通信」、「大日向村経済更生計画概要（二）」（第四号）をはじめ、「満州国大日向村建設経過」、「満州移民家族座談会」、「満州分村便り」などの記事が掲載された。こうして「国策」「銃後の守り」「皇国弥栄」「大和民族」などの言葉が飛び交う『大日向村報』を通じて、満州分村の使命と重要性が村民に浸透していくこととなる。

分村移民教育

『大日向村報』とならび、ある意味ではそれ以上に分村計画に重要な役割を果たしたと思われるのは、四三五人の児童生徒が学ぶ大日向尋常高等小学校における分村移民教育である。

大日向小学校の分村移民教育が、満州移住協会が発行した機関誌『拓け満蒙』で初めて報じられたのは、「一挙に百五〇戸を分村して経済更生を企る―長野県南佐久郡大日向村訪問記」と題する記事が掲載された第一巻第七号（一九三七年一一月一日発行）である。

同誌には、「国策の認識は先づ児童から」といふ見地から、毎日の様に満州移民の重大性について熱心に教育してゐる。だから大日向村の小学生は親達よりもづつと満州の事はくわしく知つてゐる」という森泉重松校長のコメントと、「校長先生はいつも修身の時間には満州のお話をして下さいます。家でもいつか行くと言つてゐました。「戦ひに行くばかりが忠義ではなく、先だつて行つた人達のやうに日本の富を殖やすことも君の為に忠義なことだ」とおぢいさんはいつも言つてゐます。先生も大日向はもう少しで日本一の移民村になると言はれました。私達は先生の教へを一生懸命守つて、学校を卒業したらよい日本人になり御国の為満州へ行きたいと思つてゐます」という高等科二年女子生徒の作文が掲載された。

森泉校長の言葉や生徒の作文を裏付けるように、大日向小学校『学校日誌』には、満州移民に関する講演会、満州事情に関する講話、満州移民の活動写真会などの記事が数多く記されている。

分村移民教育の成果は、『大日向村報』で披露された。

満州移民　　五年　男

僕は大きくなつたらどんな事があつても、あの広い〳〵満州へ行つて満州大日向村をうんとよい村にし、うんと日本人が多く移民するやうにしようと思つてゐる。此のせまい島国日本の土地よりも、あの広い〳〵満州の土地はどんな大またで飛んでも一足には飛べない。だからどうしてもこんなせまい日本に居るわけにはいきません。大きくなつてからと言つても、もう五年か十年後にはきつと満州へ行く事が出来ると思ふと嬉しくて、大きくなるのが、まちどうしくてならない。早く大きくなつて、満州大日向村をりつぱな村にしよう（『大日向村報』第六号、一九三八年一月一五日）。

『大日向村報』に掲載されたこの作文は、「うんとよい村」が「大いによい村」に、「此のせまい島国日本の土地よりも……」が「此の狭い日本の土地よりも満州はどんなに良い所でせう」にと、教員により文章の一部が添削されたうえで「満州の新天地」と書かれた尋常科五年生女子児童の「書方」とともに、二月一日に発行された『拓け満蒙』第二巻第二号にも掲載された。児童の作文や「書方」を『拓け満蒙』に掲載する際には、大日向小学校で「査定会」が開かれたようで、当該号に掲載された作品は一一月一三日に開かれた「査定会」で合格したものである。

また、同じく『大日向村報』第六号に掲載された「満州国と言ふが内容は日本と同じださうですから、その国へどんぐ行かれないやうな人は腰のけです」と書かれた「満州移民村へ」と題する尋常科五年女子児童の作文は、題名が「満州大日向村の皆様へ」と改められて、一九三八年三月に創刊された大日向小学校の文集『やま蕗』に掲載された（図5）。

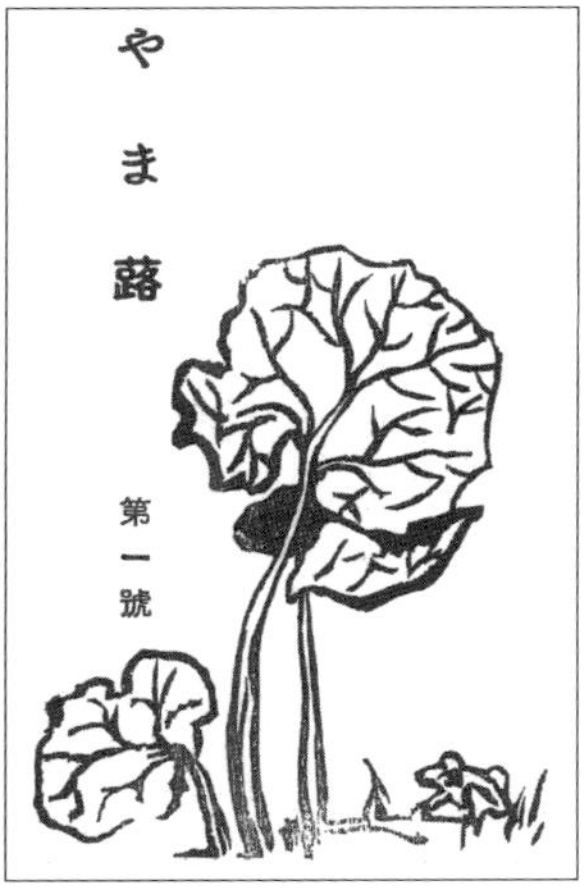

【図5　『やま蕗』第1号】

「将来自分も立派な満州分村移民になりたい」という児童生徒の素直な想いをふまえ、

教師による添削が行われた作文が掲載された『大日向村報』や文集『やま蕗』は、先遣隊や満州大日向村に送られた。そして、母村と分村との精神的紐帯をより強固にする役割を果たした。あわせて、教師の勧誘・説得とともに、児童生徒に満州分村を決断させる重要な教育装置となり、満州分村移民を推進する原動力となったのである。

満蒙開拓青少年義勇軍

この時期、分村移民と並行して、満蒙開拓青少年義勇軍の送出も行われた。満蒙開拓青少年義勇軍は、数え年一六歳より一九歳までの「身体強健、意志鞏固《きょうこ》なる者」を全国から道府県単位で集め、茨城県東茨城郡下中妻村（現水戸市）の日本国民高等学校内原《うちはら》農場に開設した青少年義勇軍訓練所（通称内原訓練所）で二か月以内の内地訓練を受けさせる。その後、満州に散在する現地訓練所（満州開拓青年義勇隊訓練所）で三か年の訓練を行い、満州に移住する開拓農業者として養成するもので、一九三七年一一月三〇日に閣議決定された。

当初、満蒙開拓青少年義勇軍の募集は、市町村長・青年学校長・青年団長・在郷軍人分会長などを主体として行われ、内原訓練所に一回に六〇〇〇人を受け入れて二、三か月の訓練を行い、これを年間五回実施して毎年三万人を満州に送出することが目標とされた。運営には満州移住協会があたり、協会理事の加藤完治が内原訓練所の所長を務めた。

初年度、二五〇〇人（全国で五万人）を割り当られた長野県は、まず、内原訓練所と現地訓練所の建設要員となる先遣隊を三五〇人募集した。そして、募集期限の二月一五日までに先遣隊を「必ズ推薦スル様」努力せよという内容の通牒を、学務部長から市町村長・小学校長・青年学校長・男子中等学校長宛に出した（「満蒙開拓青少年義勇軍と信濃教育会覚書き」）。

先遣隊の募集要綱は、『大日向村報』第七号（二月一五日）にも掲載され、一六歳前後の九人が応募し、全員が選考に合格した。この結果を『大日向村報』第八号（三月一五日）は、「本県下第一位ノ優秀ナル成績ヲ収メタ」と報道した。

また、三月三一日を締め切りとした本隊の募集に対して大日向村では、九人が応募するという「本県下第一位ノ好成績ヲ示」したうえ、「詮衡ノ結果ハ、応募者九名トモ全部合格」した（『大日向村報』第八号、三月一五日）。また、その後の募集でも、応募者七名が全員合格し、「県下ニ冠タル良成績ヲ示シタ」（『大日向村報』第一〇号、五月二八日）。

その後、長野県は、先遣隊（五一五人）と本隊（四八四人）では割当人数を充当できなかったため、六月・八月・一〇月・一二月の四回にわたり本隊の追加募集を行った。だが、初年度の目標である二五〇〇人に対し、実際に送出できた青少年義勇軍は一四七九人、送出率は五九・二％に過ぎなかった。

大日向村は、南佐久郡全体の送出率五八％（割当数一三八人、送出数八〇人）に対し、送出率一五〇％（割当数一〇人、送出数一五人）という好成績を収めた。

なぜ、大日向村は、満蒙開拓青少年義勇軍の募集に力を注いだのか。それは、義勇軍もまた、満州分村の重要な送出ルートであったからである。事実、内原訓練所において約二か月の訓練を受け渡満した義勇軍一四人のうち五人は、満州での訓練を経て、満州大日向村開拓団に団員として入植している。

満州大日向村の誕生

入植地の決定

一九三八（昭和一三）年一月二八日、大日向分村の入植地が吉林省舒蘭県四家房に決定した（図6の②）。入植地は北緯四四度三〇分、東経一二七度に位置し、拉浜線四家房駅北端から水曲柳駅南端までの間の東西一六キロ、南北一二キロの土地であった。東西に山麓、南は積陵、標高は最高三八六m、最低二一〇mという地勢で、地区の中央を渓浪河と鉄道が走り、自動車道路が山麓を巡回した。一〇〇〇haの水田と二六〇〇haの畑はすべて既墾地で、満州拓殖公社が満州人や朝鮮人から買収したものであった。

堀川が入植地の条件として拓務省に提出した三つの条件——米作が可能なところ、交通が便利であるところ、広漠千里の地でなく多少山のあるところ——を充分に満たした、「未ダ曾ツテ類例ヲ見ザル絶好ノ移民地」が、大日向分村として提供されたのである。

一九三八年度の第七次満州移民は、全部で二二移民団を数えた。このうち、県単独の移民団は一四、複数の県による移民団は七つである。移民団の中で唯一、村単独で分村移民

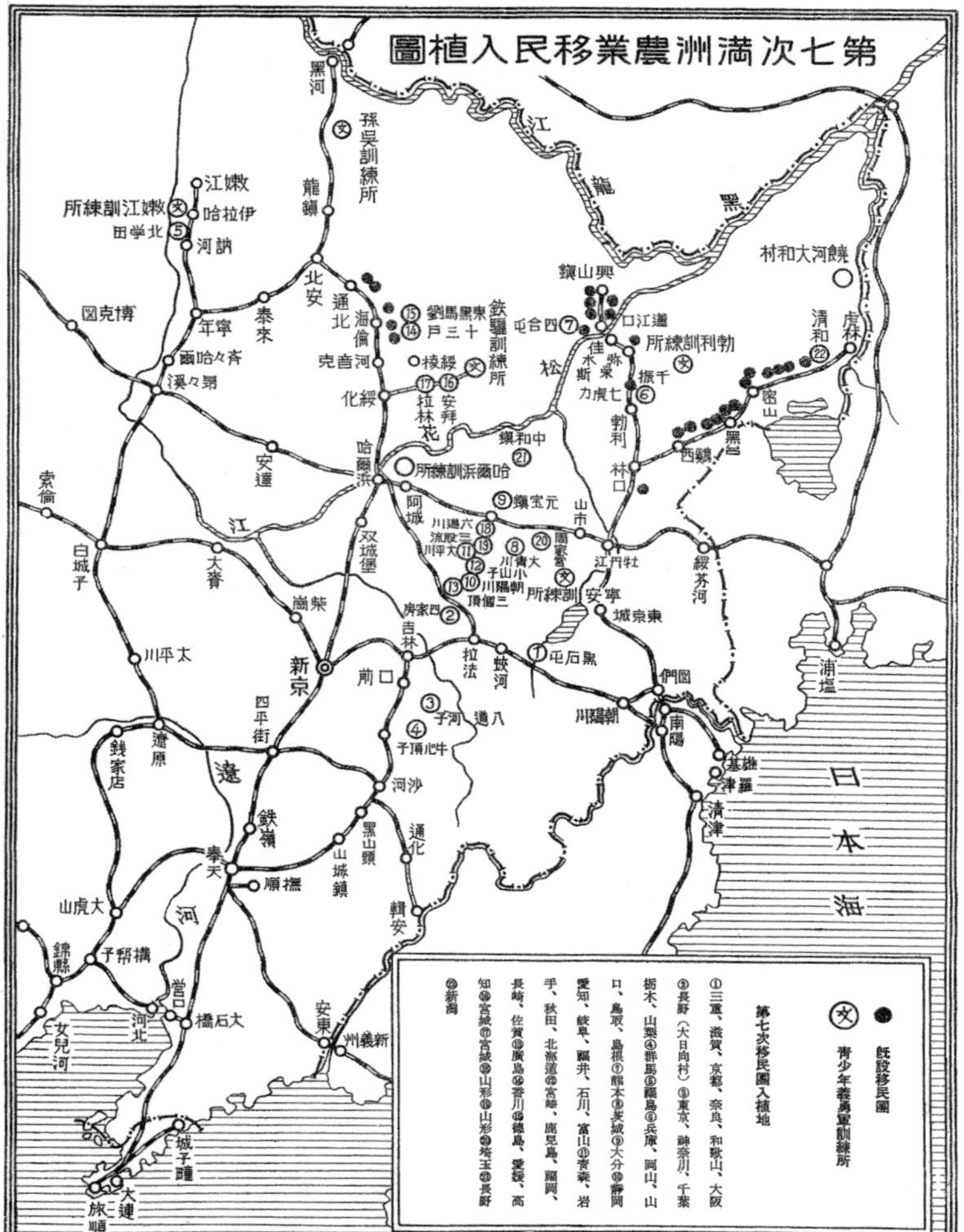

【図6　第7次満州農業移民入植図『拓け満蒙』第2巻第8号】

を実施した大日向分村の入植地は、新京や吉林に近く、地形・交通にも恵まれた地に決定したのである。

分村移民の募集

入植地決定の知らせは、「満州大日向村決定祝賀号」と銘打った『大日向村報』第七号（二月一五日）第一面に掲載された（図7）。

「快報到る！　満州国大日向村分村　入殖地決定!!」という見出しを掲げた第七号では、四家房の位置・河川や鉄道・道路・耕地・水利・風土病に関する情報を掲載、続いて、本部は四家房駅から三・五キロにある石粉房部落に置く予定であること、四家房より吉林までは乗合バスやトラックで三時間、新京やハルビン（哈爾濱）へは汽車で半日で行けること、書信の宛名は第七次四家房移民団大日向村とすることなどが報じられた。

あわせて第一面では、「満州国大日向村分村移民　本年度申込期限！」という見出しと「満州国大日向村分村入殖地は、別項の如き位置地勢に恵まれたる好条件のもとに決定せられました。就きましては左記に依り本年度の本隊を募集することになりました」という

大日向村報

毎月一回十五日發行
編輯發行兼印刷人　長野縣南佐久郡大日向村　淺川武麿
發行所　大日向村役場
全縣全郡北牧村三二
印刷所　北牧印刷

滿洲大日向村決定祝賀號

滿洲國大日向村の出現を祝ふ

本村更生計畫の一大眼目であり、且又國策遂行と云ふ一大使命を帶びて、昨年渡滿せる先遣隊員の忍耐と努力との功酬ひられて愈々滿洲に吾等の分村が出現することを得たるは各位の理解ある協力支持に俟つ所大なるものありしを想ふと同時に所定の本隊を送出するために尙一層の協力支持を望むの要切なるものがあるのであります。茲に各位と倶に滿洲國大日向村の出現に先ず祝盃を擧ぐるとともに吾が國の重大なる國策、大陸政策の遂行のために一段の緊張を以て邁進致したいと念願致すものであります。

此の機會に際して更に私の强調致したいと思ひますことは、滿洲の農業移民は持たざる者が唯漫然と利益を求めて移動すると云ふが如き輕薄な慾念や薄弱な意志によつての行動であつてはならぬと云ふ事であります。

これこそは日本民族の膨脹力が國策の一線を通して大陸へ移動せんとする一大民族運動であります。從てこの運動は計畫的組織的に而も統制ある國体の協力に依てのみ其の目的を果し得るとともに將來に、より大なる民族的使命を達成せしめ得る苗圃となり得るであらふ事が期待出來得るのであります。

滿洲殖民は日本の存立上、農民が右手に鋤鍬を持ち、左手に劒銃を持つて當然立つて果さねばならぬ聖業であります。本當に日本魂に燃えて、已むに已まれぬ赤心で眞心から立ち上る體の氣力ある農民の手によつてなし遂げねばならぬ農村の分解運動であります。上から强ゐられて動くやふな消極的、他動的な運動ではなく、地の底から燃え上る所の農民報國の手近な道であります。誠の皇國農民運動であります。

吾等の先輩が血と肉とを以て戰ひ獲つた權益の地に寐れる隣國の英靈を慰む可き盡地の復興運動であります。この聖業を全國に魁けて日本農村の現狀打開のために奮ひ立つたのが本村の先遣隊諸君を中心としたる皇國農民諸君である。貴なる哉であります。今や全國各地に分村運動の展開されつゝある現狀は正しく本村民の英斷による刺戟に因つたのであります。

友よ立て！祖國を護る農業戰線に！　戰線と銃後との緊密なる提携の下に、進め大陸へ！を絶叫せざるを得ないのであります。

まことに支那事變の勃發は吾が國が未だ嘗つて經驗した事のない未曾有の重大時局たらしめた。戰後經營は國民を擧げて協力一致之に當らねばならぬ重大事だ。吾が國の對滿國策の根幹として、將又北支工作の前提として、今こそ大量移民に躊躇逡巡を許さない情勢が緊迫してゐるのである。此の時局を正視して、日の丸の旗押し立てゝ進軍ラッパの聲高く開拓軍の一線に參加しやうではない乎、滿洲に新大日向村の出現を祝ふて敢て一言を述べたる次第であります。

昭和十三年二月十日
（於廳舍）

快報到る!!
滿洲國大日向村分村入殖地決定!!

本村經濟更生計畫の根幹をなす滿洲國大日向村分村計畫に付いては、村民各位の熱誠なる御援助と御理解とにより客年三月本計畫樹立以來日未だ淺きに拘はらず其の實積の絶大なるに對しては自他共に均しく驚異とするところであります。

然して昭和十三年度は本計劃遂行の第二年次に入り、本年度第一次本隊送出の爲め、村民一致本計劃の圓滿なる遂行に邁進しつゝある時、突如滿洲國大日向村建設の堀川團長より別項の如き快報に接しましたことは、滿洲國大日向分村の將來に一大躍進を確定的ならしめたものとして先遣隊一同と共に前途の彌榮を祝福する次第であります。

堀川團長よりの入殖地確定の通信
（二月八日受信）

謹啓段々御心配相掛け候入殖地の件變更に變更、更に今回新に適地の割當を昨一月二十八日滿拓公社牡丹江支所に於て決定、明一日より入殖に取りかゝる次第に付何卒御安心被下度候　何れ現地實地踏査の上御報告申上候へ共滿拓調査班の調査要項及入殖豫定左に申上候條皆樣に宜敷く御傳達下され度候

先は御報告迄に申上候　敬具

左記

一、入殖地
吉林省舒蘭《ジヤラン》縣四家房《スージヤフワン》ト決定

二、位置
北緯四十四度三十分
東經百二十七度
標高（最高　三百八十六米／最低　二百十米）
拉濱線四家房驛北端ヨリ水曲柳驛ノ南端迄ノ間、東西四里、南北三里ノ地區

三、川及鐵路
溪浪河中央ヲ流レ鐵道線路モ中央ヲ貫通ス

四、道路
周圍自動車路山麓ヲ廻ラス

五、耕地
既墾畑　二、六〇〇陌
既墾水田　一、〇〇〇陌
未墾山林　一五〇陌
未墾原野　三五〇陌
不可墾濕地　二〇陌
山林　四、〇八〇陌

六、水利
二個所ヨリ上水、延長二十四粁ト延長十八粁ノ水路アリ

七、風土病
ナシ

備考　四家房驛附近モ含マセ度申セルモ全地ハ舒蘭縣公署移轉都市計劃ニ付キ除カル、將來ノ發展想ハル可シ
水田ハ隣村移住ノ上ハ水ノ都合上多少減ズル要アリ豫メ承知ス可ク申渡サル

八、本部位置
差當リ本部ハ石粉房部落ニ貸ク豫定、驛ヨリノ巨離三、五粁、線路ヨリ四百米ノ處ナリ

九、重要都市ヘノ里程
四家房ヨリ吉林ニ乘合バスアリ、トラックニテ三時間
新京ヘ半日、哈爾濱ヘ半日ニテ汽車ノ便アリ

十、郵便電報
イ、差當リ電報ハ舒蘭縣城郵便局扱ヒ舒蘭縣公署氣付ノコト
ロ、書信ハ拉濱線四家房驛氣付ノコト
ハ、宛名ハ第七次四家房移民團大日向村何誰ノコト

十一、入殖豫定

入殖隊名	出發日	入殖日	人數	摘要
團長	千振二月一日	二月四日	一名	二月三日、一日ハルピン訓練所打合事務 二月四日、五日各官署打合以後調査準備
先遣隊第一班	二月九日	二月十一日	一五名	二月十一日建國祭ヲ期シ午後日沒前迄ニ國旗掲揚ノ豫定
先遣隊第二班	三月	未定	二二名	內三名缺

イ、第一班人員
玉田巳之作　岡部鄕一
小須田吉介　市川末男
市川千里　工藤宣
小須田賢二　大林作三
市川鬼子男　大塚榮三郎
山下幸一　山井君男
小須田專介　小須田正
小須田興福

第二班ハ幾員全部ニ付略ス
缺員三名ハ直接入殖地ヘ時期ヲ計ヒ入殖スベシ

ロ、第三班ハ六十五名、手續中ニテ四月中內地ヨリ補充ノ見込
ハ、本隊ハ昭和十四年四月迄ニ一百名入殖
ニ、緣故移民昭和十五年一百名割當アリ

一月三十一日
牡丹江會議終了歸千振ニテ
堀川淸躬
大日向村御中

滿洲國大日向村分村移民
本年度申込期限！

滿洲國大日向村分村入殖地は別項の如き位置地勢に惠まれたる好條件のもとに決定せられました。就きましては左記に依り本年度の本隊を募集することになりました。廣き滿洲のあの豊沃なる天地に勇飛し、活躍して自己の將來を開拓すると共に明朗日本を建設せんとするの士はどしどし役場へ御申込を願ひます。

左記

一、送出戸數　六十五戸
二、送出期日
イ、四月上旬　三十戸
ロ、六月上旬　三十五戸
三、申込期限　二月二十八日

【図7　『大日向村報』第7号】

文章に続き、「送出戸数　六十五戸」「送出期日　四月上旬三十戸　六月上旬三十五戸」「申込期限　二月二十八日」という内容の分村移民募集が掲載された。

「吾身ノ痛サヲ以テ彼等ヲ指導」

翌第八号（三月一五日）には、「満州国大日向村建設経過」と題する堀川の「四家房入殖　現地踏査概況」が掲載された。

「未ダ曾ツテ類例ヲ見ザル絶好ノ移民地ニシテ、住民モ思ヒノ外円ク、絶対服従性アリ。半島人ハ同国ノ意ニ於テ特ニ喜ビ迎フルトノコトナリ」という一節で始まり、地区概況・耕地・山野・樹木・土質・水質・風雨・風土病・道路・治水など全部で一七項目に及ぶ「現地踏査概況」のなかで堀川は、以下のように述べた。

以上ヲ綜合シテ察スルニ其ノ各本分ニ依ル計画施設開発ハ、是レニ付随スル自然的発展ヲ招来シ、本団入殖地ハ、山ニ近ク里ニ近ク田畑ニ近クシテ、何レニモ偏セズ其ノ中庸ヲ得、理想郷ノ実現ヲ見ルニ至ラン。

現在ハ各移民共線路ニ沿ヒタル入殖ナルモ、是レガ発展ト共ニ其ノ附近未墾ノ沃野ハ開発セラレ、両々相俟ツテ楽土ノ構成ハ急展スルニ至ラン。

一方で、堀川は「原住民」と「思想」の項のなかで、以下のような注意を促していることにも留意したい。

八、原住民

満人、半島人、二対一程度ニテ凡二十余部落ニ住居シ、半島人学校一アリ。生徒凡二十五六名ニシテ、内一満児童（内一名は満州人の児童）トノ由ナリ。

十、思想

此ノ地早ク開発セラレ住民モ多ク。従ツテ思想モ可良ナラズト雖モ、内地ニ比スレバ問題トスルニ足ラザルベシ。

注意　考慮スベキハ一般ニ移民来ラバ作地ヲ取上ゲラレ耕ス可キ地ナカリセバト心配ノ情各所ニ認ム　吾身ノ痛サヲ以テ彼等ヲ指導スルノ要アリ。

もっとも、この「吾身ノ痛サヲ以テ彼等ヲ指導スルノ要アリ」という注意に注目した村民は果たして何人いたのだろうか。

たしかに、長野県更生協会がまとめた満州分村に関する最初の公式報告である『大日向村第一年度建設情況報告』(一九三九年)のなかで、入植地の「原住民」は次のように報告されていた。

地区内ニハ満鮮人ノ部落二十一アリ、満人約四千人、鮮人二千人居住シ、満人ハ畑ニ、鮮人ハ水田ニ各々耕作ニ従事シツヽアリ、然ルニ吾人ガ入植ト共ニ逐次他地方ニ移転ヲ命ゼラレ、二、三年後ニハ其大部分ノ満鮮人ハ当地区ヨリ退去スルノ運命ニアリテ、其ノ境遇ニハ一抹ノ涙ナキニシモアラズ。

しかし、満州分村移民熱の高まりのなか、入植地が現地の人びとが開拓し生活していた土地であり、その人びとを強制退去させて入植することの意味を問い直したり、退去する人々の境遇に「一抹の涙」を流す村民は、おそらく少なかったと思われる。

むしろ、そうした危惧を吹き飛ばすように、第九号(四月二八日)第一面には長野県企画課藤井俊治により、以下のような「満州視察談要旨」が掲載される。

分村には三千の満人と一千の鮮人とが住んで居ります。此の満人は日本人を非常に敬ひ、手下となつて働く事を光栄と感じるらしいのです。満人の村長が（内地の区長位）堀川団長の手下となり、或時は通訳となり、或る時は案内人となり、又は秘書官となり、此れを他の満人に誇りとして見せびらかしてゐるので有ります。治安が決して心配する事は有りません。かへつて此等満人を小作人として、又は作番頭として雇傭する事さへ出来るので有ります。移住者は此の満人を目下の様に使役して満人からは軽蔑されぬ様に注意しさへすればよいのです（『大日向村報』第九号）。

満州大日向村の建設

先遣隊の入植は、当初予定していた「建国祭」の二月一一日（通例、先遣隊の入植は、「紀元節」の二月一一日に行われた）から八日後の一九日となり、堀川清躬団長率いる先遣隊第一班一五人が四家房に入植した。そして、先遣隊第二班二二人とあわせた三七人により、満州大日向村――正式には「四家房大日向村開拓団」――の建設が始まる。

当然のことながら、満州大日向村建設の様子もまた、『大日向村報』で詳しく報じられた。

「満州国大日向村建設経過」が第一面を飾る第一〇号（五月二八日）の第三面に掲載された、第一次本隊として渡満した小須田兵庫の「満州分村便り」では、入植地は「大凡五六千人位の人口」で二〇余りの部落が点在し、「在住人は満人三に対し朝鮮人一の割合」であること、「佐久平（野沢付近）よりやゝ広く、村内中央の近嵩《きんすう》に立つて四方を見渡しても村界を指呼する事が困難」で、「堀川団長以下何人も未だ一回も全部落を観察した者がなく、「村内を巡視するに片道汽車を利用しても二日間では苦労」であると、入植地の広さが強調された。

また、「米質は吉林米とて全満州中の一位」の「実に美味」で「佐久平の関取以上」であり、大豆・小豆・小麦・粟《あわ》・苞米《ほうまい》《ビンイン》（トウモロコシ）・野菜など「内地で栽培し得るものは大体可良」であること、先遣隊が入る第一部落五〇戸が六月中に完成し、第二部落の建設が始まる予定であることなどが伝えられた。

さらに、浅川武麿村長の「支那事変一周年を迎へて」と「満州大日向村第一回家族招致に就いて」が第一面を飾る第一二号（七月二二日）では、第四面に「移住地ノ概況」と題して、団員の家族構成、本部・宿舎・家屋、農耕関係・娯楽機関などが詳しく報道された。

まず、団員の家族構成については、現在団員は八〇人を数え、何れも顔見知りの父子、兄弟、知人で「此ノ点他団ト全ク成立要素ヲ異ニ」していること、最高年齢は『アサヒグラフ』に写真が掲載された八九歳の老婆、最低は渡満中に誕生した「赤子ノホヤ〱」で、二〇人に及ぶ未婚者に対しては「各人ニ於テ配遇者ヲ物色交渉中」であると報じられた。

続いて、本部・宿舎・家屋については、外部からの侵入を防ぐため厚さ一尺（約三〇㎝）・高さ八尺位の土壁で周囲を囲み、六〇〇坪の敷地内に、本部と宿舎をはじめ、炊事場、味噌加工場、農具舎、警備舎、自動車車庫、便所が配置されたこと、本部と宿舎は「満人家屋ヲ買上ゲタ」間口一〇間（一間は約一・八m）・奥行四間の丸太を使用した土壁塗りで、家屋は土覆・藁葺《わらぶき》・平家建てであること、第一部落の個人家屋は、間口五間・奥行三間・建坪一五坪、六畳三間と土間からなる平家建てで「冬期厳寒ヲ考慮ニ入レタル設計ニ基キ建築」され、部屋には九尺の押入二個、三尺の床の間、室内中央に冬期間の保温と炊事兼用のペーチカが設けられたことが詳しく説明された。

あわせて、井戸は深さ二〇尺・水深一〇尺で一〇戸共用で使用し、水質は「比較的不良」であること、便所は屋外の適当な場所に高さ六尺・末口二寸（一寸は約三㎝）の丸太材で作った幅三尺・長さ六尺の移動式両便所であること、小学校は「九月末日マデニハ竣工ノ見込デ奮励」していること、病院も準備中であることが紹介された。

一方、農耕や娯楽については、地表を馬耕後直ちに灌漑して籾種を直播きする水田は「無肥料デスガ、相当ニ結実」し、大豆・小豆・ボーミ（生薬）・粟・蔬菜《そさい》類も「何レモ秋ノ収穫ヲ統計シ一般団員ニ普及ノ見込デ」あること、渓浪河における鯉・ボラ・ハイなどの雑魚釣り、水田や湿地での鮒《ふな》・鰻捕り、カモや野鹿の狩猟などが「農村特有ノ娯楽」となっていると伝えた。

母村とは比較にならないほど広い入植地、満州一うまい吉林米、鞏固な家屋、豊かな農耕地。こうした報道は『信濃毎日新聞』でも行われた。六月一五日付「満州大日向村を観る」と題する記事には「内地気分の上に　沃土無辺の天地」「平坦の黒土が出来過ぎる悩み」「純朴そのもの周囲の満人」、七月二五日付「満州大日向村現況」と題する記事では「建設作業進捗し　理想郷着々実現」「無肥料でも予想の収穫あり　農耕は極めて粗放」といった見出しが紙面を飾った。

このような満州大日向村の情報を、村民はどのような想いで読んだのだろうか。

本隊の出発

先遣隊による満州大日向村の建設と並行して、本隊の送出と家族招致が行われた。

三月九日、本隊より先に経済更生委員で役場書記であった堀川正三郎を含む三人が、幹部および技術者として満州大日向村へ向け「勇躍出発」した。「四本柱会議」の中心で分村計画の推進者である経済更生委員会委員の一人でもある役場書記の堀川正三郎が、産業組合専務・堀川清躬について幹部として渡満したことは、村を二つに割り、村の上層部からも満州に移住するという大日向村分村計画のイメージを強く印象づけるねらいがあった。

四月一一日午前六時には、大日向小学校全児童生徒の見送りを受け、第一次本隊三一人が小金沢孝造書記の引率により出発した。この第一次本隊は、県立御牧ケ原農民学校訓練所における約一か月の訓練を終了した二八人と、すでに訓練を終えていた小須田兵庫ら三人であったが、先遣隊と同様に経済更生委員は一人も含まれていなかった。一行は一三日午前一〇時に神戸港を出港、一七日午前六時に朝鮮清津《せいしん／チョンジン》に上陸した。その後、二八人は翌一八日に弥栄村開拓訓練所に入所し、現地訓練を受け、三人は一八日午前九時に満州大日向村に到着した。

出発にあたり本隊は、四月九日午後四時から村社である諏訪神社で執行された武運長久・健康祈願祭と大日向小学校での壮行会に参加している。

続いて、五月一六日、県立御牧ケ原農民学校訓練所に四月六日に入所し約一か月の訓練を受けた一四人と家族の一人が、訓練所教員の引率により出発した。この第二次本隊は、一七日午後二時に新潟港を出港、二〇日満州大日向村に入植した。

こうした本隊の出発は、渡満する人びとの氏名とともに『大日向村報』で大きく報じられた。

家族招致

本隊出発と並行して先遣隊員らの家族招致が行われた。

一回目の家族招致は、五月三一日に満州大日向村を出発し、六月四日に本村に帰村した先遣隊員一四人によって行われた。この時、先遣隊員は、「帰省早々銃後後援の熱意に燃へ」、応召する軍人家族の労働奉仕や村の林道工事で得た労働賃金を軍人後援会に寄付するなど「全く涙ぐましい健闘を続け」、「満州国分村民の美挙」と『大日向村報』第一二号(七月二二日)で報じられた。

家族招致にあわせ大日向村は、四月二七日に「満州移民家族座談会」を開催するとともに、先遣隊が帰村した六月五日から七日の三日間、大日向小学校を会場に満州国大日向村移民団家族訓練を実施した。この訓練は、「兎角《とかく》家を放れて遠地に出る事の少なき婦人の方々」は「旅行の事が頭痛の種となり」、「家にとじ込んでゐる婦人の人達」は「兎角共同精神に欠けてゐる点がありはしないか」、「又開拓事業に就いての心がまゑ等の準備が必要」との理由で実施された。分村計画、「日本精神」、「渡満後の婦人に対する注意」や共同生活に就いて婦人に対する注意」に関して、満州移住協会の杉野らにより講義が行われた（『大日向村報』第一一号、六月一五日）。

七月八日、渡満家族二七戸・本隊二人・家族招致帰村者一七人をあわせた一二〇人が、大日向村を出発した。冒頭で紹介した『アサヒグラフ』の記事はこの時のルポルタージュである。

午前七時半、男はカーキ色の制服に巻ゲートル、女はモンぺに地下足袋の服装で村社諏訪神社に集合した。一行は、引率者である浅川村長から「天皇陛下の御為に一鍬〳〵を下すのだといふ点をはつきり肝に銘じて小さい私の窓を捨て、みんな手を握り合つて後から行く人の手本になつて下さい」という訓示を受けたのち、日の丸の旗を先頭に、大日向小学校児童生徒からなる少年音楽隊が演奏する「満州大日向村建設の歌」にあわせ、羽黒下駅に向け出発した。

午前九時三七分発の列車で羽黒下駅を出発した一行は、翌九日午後二時に「満州丸」に

さらば古き大日向村
そぼ降る雨も別れ惜むか！
きのふ移民團出發

【羽黒下電話】大陸に理想鄕大日向村を建設すべく本縣南佐久郡大日向村の分村移民團々長小須田秋、堀川元雄氏外百九十六名に村から四家房の現地まで隨行同地移民状況を視察して歸る小須田安平、小須田金吉、山口旭、三石市松の四氏を加へた二百二名の大移民團は新 まで同行の堀川村長小金井移民主任書記と共に

秋雨 頻なる十六日午前九時三十七分小海線羽黒下驛發三輛連結の列車で村民多數の見送り裡に雄々しく滿洲の新天地目指て出發した

一同は午前七時半氏神の諏訪神社に雨中の參拜をなし新大陸建設の祈願を籠め五台のトラックに分乘羽黒下驛へと運ばれたが男は卷脚絆に

女は モンペに身を固め老人子供の全家族を引き伴れた雄々しい姿に狹い驛頭は雨中のため混雜を呈した

出征兵士を見送るとは又異なつた一種悲壯の面持である、思へばこれが此世の生き別れとなる老人達

【図8　一九三八年一〇月一七日付『信濃毎日新聞』】

て新潟港を出航、清津を経て、一三日午前九時三九分に四家房駅に到着した。羽黒下駅に集まった荷物は三五二個、貨物自動車九台に及び、用意した貨車四両ではすべて搭載できなかったという。

二回目（第二次）の家族招致は、九月一一日に帰村した家族招致帰村者によって行われた。一〇月一六日、渡満家族三三戸一七〇人・家族招致帰村者二六人と分村視察渡満者四人（農会長と村会議員三人）の計二〇〇人は、未明に村社諏訪神社に集合。村境まで少年音楽隊を先頭に愛国行進曲と「満州大日向村建設の歌」とによる雄壮なる行進の予定であったが、雨のため午前七時三〇分に諏訪神社を自動車で出発、羽黒下駅九時三七分の「移民列車」で新潟駅に向かった（図8）。

一行は、乗換駅となる小諸駅と長野駅で御牧ケ原訓練所所員・訓練生、県係員多数の「熱誠なる御見送り」と「多大なる贈物」を受けた。新潟では三つの旅館に分泊し「内地最終の夢をまどらかに結んだ」のち、午後二時、「我が帝国の大陸先駆者大日向分村移民を送らう」と集まった新潟県庁職員・新潟市民・小学児童による「万歳の嵐」のもと新潟港を「満州丸」にて出航、朝鮮清津港を経て、二一日午前九時三九分に四家房駅に到着した。大日向村から羽黒下駅まで五台のトラックで運ばれた渡満家族の荷物は、八〇八個、総重量三五六七二瓩《トン》（九五一一貫＝約35ｔ）と、当初申告の二倍近い「驚くべき数字」であったという（『大日向村報』第一六号、一一月二五日）。

この間の八月二四日、以前大日向小学校の教員であった中沢勇三が、「満州分村教育の大使命」から、満州大日向小学校長として渡満した。産業組合専務（堀川清躬）、役場書記（堀川正三郎）につづき、「四本柱会議」の一角である小学校教員が、満州大日向村幹部として移住したのである。

語られる分村計画

単村分村という報道

『拓け満蒙』

『大日向村報』に続いて大日向村の分村計画を大きく報道したのは、満州移住協会の機関誌『拓け満蒙』である。

『拓け満蒙』は、満州移住協会の設立から約半年後の一九三六（昭和一一）年四月二五日に創刊され、『新満州』（一九三九年四月）、『開拓』（一九四一年一月）と二回誌名を変更しながら、一九四五年一月まで発行された、満州開拓の宣伝という明確な目的をもったほとんど唯一の雑誌であった。

創刊号は会員のみを対象とする非売品であったが、第二号以降は一五銭で市販された。誌面は、移住地報告や回想録、満移ニュース・満州講座・時事解説・連載小説・座談会記事・投書類・満州の紹介など満州移民関連の宣伝記事がほとんどで、移民政策に関してはひたすら肯定的で楽観的な主張で終始しており、「政府の歩調と合わせて国策宣伝に努めていた」という（「昭和戦中期における満州移民奨励施策の一考察」）。

【図9 『拓け満蒙』『新満州』における大日向村記事】

○『拓け満蒙』

巻	号	発行年月	記　事
第1巻	第5号	1937年9月	満移ニュース「分村計画とは」
	第6号	10月	満移ニュース「氏神様と共に大日向村渡満」
	第7号	11月	分村計画とは何かー計画樹立の町村ー　本誌編輯室 大日向村訪問記　本誌特派記者 大日向小学校高二女子生徒作文 移住地だより　千振郷から　大林作三 満移ニュース「大日向全村学校」
第2巻	第1号	1938年1月	移住地のお友達へ　大日向小学校作文「広い満州の皆様へ」
	第2号	2月	小学生欄　大日向小学校児童作文「満州移民」 書写「満州の新天地」
	第8号	8月	口絵「村を挙げて大陸へー長野県大日向村の分村」 満州に村を分ける日ー長野県大日向村　本誌特派記者
	第10号	10月	十万戸送出を目指すー我が県と満州移民　長野県知事　大村清一
	第11号	11月	口絵「伸び行く満州大日向村」 満州大日向村を訪ねて　農村更生協会理事　杉野忠夫
第3巻	第1号	1939年1月	躍動する分村住民熱　長野県庁　藤井俊治
	第3号	3月	民族の大移動を視るー大日向分村の出発　長野県庁　藤井俊治

○『新満州』

巻	号	発行年月	記　事
第3巻	第5号	1939年5月	大陸へ村の引越し　信州大日向村分村最後の本隊渡満
	第12号	12月	分村の結実 舞台の分村開拓ー芝居になった大日向村 芝居になった大日向村ー前進座の熱演を観る 前進座の「大日向村」をみてー舞台も観衆も感激に泣く四幕 更生する長野県大日向村ー分村の跡をたづねて　本誌記者 古き村より新しき村へ　満州大日向村開拓団長　堀川清躬 その後の大日向村　大日向村長　浅川武麿
第4巻	第1号	1940年1月	仲人が語る大陸の新家庭　杉谷・西尾両女子に訊く座談会
	第2号	2月	開拓ニュース「大日向村今度は映画に」
	第3号	3月	大日向村の歌　下村海南
	第11号	11月	映画「大日向村」撮影随行記　岸次郎

『拓け満蒙』に大日向村に関する記事が初めて掲載されたのは、毎月一日発行の月刊誌となった第一巻第五号（九月一日発行）である（図9）。

その前号から設けられた満州移民についての情報を掲載するコーナーである「満移ニュース」のなかで、「分村計画とは、分家と同じ様に村の氏神様と共に剰余の人口を満州に移住させると共に、元村の耕地問題を解決すると言ふ組織的計画を言ふ」、「現在分村計画の先進村は宮城県遠田郡南郷村、山形県東田川郡大和村、長野県南佐久郡大日向村等である」と、「分村計画の先進村」の一つとして紹介された。

続く第六号の「満移ニュース」でも、「氏神様と共に大日向村渡満　分村先駆者が村長さんの引率で」という見出しのもと八月一一日に敦賀港を出港した第二次先遣隊の記事が掲載されたが、その扱いは小さなものであった。

ここからうかがえるように、この時期、満州移住協会が最も注目した満州分村は大日向村ではなく、「満州分村の草分け」である南郷村であった。事実、『拓け満蒙』では、南郷村高等国民学校長の初代校長松川五郎（誌面では「松生」）により「南郷村を凝視して」という論考が第一巻第二号から第六号まで五回にわたり連載された。

大日向村に関する本格的な記事は、「分村計画特輯号」と銘打った第七号（一九三七年一一月一日発行）に掲載された特派記者による「長野県南佐久郡大日向村訪問記」である。同号で、我が国の分村計画の「草分け」である南郷村と「具体的にその計画を実施し始めた」大和村に続いて、大日向村の分村計画が紹介されたのである。

「之こそ我等の生活の鍵！　満州へ一挙に一五〇戸を分村して経済更生を企る」というタイトルをかかげた五頁にわたる記事では、最初の二頁で「山又山の大日向村」「狭まぎる耕地」「叩きのめされた養蚕」「山にはもう木がない」「あらゆる事をやつて見たが」といったつり見出しを挙げて大日向村の経済的困窮が説明された。

残りのページでは、「満州移民が更生の鍵」「視察報告を基礎に」「元村の更生と分村の建設」「明年中に一五〇戸を」「残った家族を援助」「まづ何よりも食料の自給を」といったつり見出しのもと、「すつかり行き詰つた大日向村にとつて、満州移民が国策として着々実行されてゐるといふ事実は全く救ひの神の出現に等しい」、満州移民は「村が国策に参加して御国に奉公を尽すと共に、大日向村を根本から建て直す鍵である」、「元村経済更生は浅川村長が専心之に当る、満州分村の建設には堀川氏が挺身之に当る」などの文章を交えながら、分村計画と経済更生計画の具体的内容が述べられている。

記事のなかで最も注目されるのは、「訪問記」の最後を飾る次の一節である。

この村の更生にとつてはこの分村計画の意義は極めて大きい訳で、のみならずもつと大きい意味で、満州移民と結びついた農村の経済更生の今後といふ事にとつて、この村の計画の成否は頗《すこぶ》る重大な暗示を与へるものと云つて好からう。この村の計画が全国の熱心な注視の的となつてゐるのも蓋し当然の事である。何はともあれ、大日向の分村計画は、計画だけは以上の様に頗る整然と出来上つてゐる。此の上は当局者の一段の努力に依つて村民一般の理解を深め、挙村一致して計画の成功に進まなければならぬと思ふ。この点一層の奮励を望んで已まない(『拓け満蒙』第一巻第七号)。

「この村の計画の成否は頗る重大な暗示を与へる」、「この村の計画が全国の熱心な注視の的となつてゐる」といった一節から、満州移住協会が大日向村の分村計画に大いなる期待を抱いていることがわかる。

「日本最初の分村」

大日向村に関する二回目の記事は、第二巻第八号(一九三八年八月一日発行)に掲載された七月八日の第一回家族招致の様子を報じたものである。

まず、口絵において、「村を挙げて大陸へ」というタイトルのもと、一村人総出の見送り」「羽黒下駅での別れ」「新潟港での見送り」の三枚の写真が掲載された。続いて「満州に村を分ける日―長野県大日向村の家族招致を見る」と題し、「その前夜」「分村の起因」「第二の大日向村」「老ひも幼きも」「いざ満州へ」「健者《たっしゃ》で暮せよ」「村境の峠路」というつり見出しと一〇枚の写真をかかげ、家族招致の様子が詳しく報じられた。

記事のなかで注目されるのは、「一村で満州に一村を造ると言ふことは、満州建国の理想に合致するか、また新日本村の理想を実現することは至難でないかと言ふやうな問題は別として、兎に角日本最初の分村であることには、行き詰り乍らも立ち上る勇気のない本邦農村に大きな刺戟を与へるものとして、敬服の外はない」という一節である。ここでは明確に、「一村で満州に一村を造る」大日向村が、「日本最初の分村」とみなされているのである。

こうした認識は、その後の誌面で強く打ち出される。第二巻第一一号（一一月一日発行）では、「伸び行く満州大日向村」というタイトルのもと「第一部落」や最年長（八九歳）の小須田はるら五枚の写真からなる口絵とともに、一九三八年八月三一日に満州大日向村を訪問した農村更生協会理事の杉野忠夫が寄稿した「満州大日向村を訪れて」が掲載された。このなかで、杉野は大日向分村移民を次のように高く評価した。

この移民団こそは、満州移民史上画期的な第一歩を踏み出した単村式分村計画移民の最初の移民団であり、その成否は全日本農民の注目の的となつて居るものである。即ち、長野県南佐久郡大日向村の村民二百戸が、同村産業組合の父、堀川老を団長に戴いて、一団となつて集団土着しつゝある村なのであつて、一村を縦に真二つに割つて、満州に集団土着すると云ふ運動のトツプを切ると同時に、これを母村の経済更生計画と有機的に結びつけ、国内に於いても、非常に革新的な農村改造を企図して居る村なのである（『拓け満蒙』第二巻第一一号）。

そして、「注目の的四家房」「素晴しい風光美」「見よ！この盛大」「衛生状態頗る良好」「起死回生の神様」「曰く付の団本部」「驚くべき進展ぶり」「同一村民故の協同心」「憂ひは只小作問題」「先遣部隊員の至言」「無くてはならぬ老人」という一一ものつり見出しを掲げ満州大日向村の様子を詳しく報じたのち、満州大日向村が成功した理由を次のように総括した。

先輩の諸団の苦闘の歴史を省みる時、この大日向村の移民団があまりに早いのに、只々おどろくのみである。進度の早いことはあとの団程、先輩の団の経験を利用することが出来ることが一つ。移民の世話をする機関が段々充実することが一つ。それにこの四家房独特の理由が幾何《いくらか》が数へられる。交通至便の所に位置されたること。治安の特に良いこと。日本最初の分村だと云ふので種々の特例をあたへられて居ること等の物的の好条件がある上に、人的要素においても申し分のないことである。団員の和を得て居ること。中心人物が名実ともに具備して居ること。団員の素質が良いことである。由来大日向村民は勤勉力行を以て鳴つて居たのであるが、この特質は満州に於いても遺憾なく発揮されて居る。

こうして「一個集団を一ケ村民だけで構成」する「単村式の分村」大日向村が、「日本最初の満州分村」のモデルとされていく。

『アサヒグラフ』

『拓け満蒙』に続き、朝日新聞社が発行する『アサヒグラフ』も大日向村の満州分村を報道した。

『アサヒグラフ』は、一九二三（大正一二）年一月二五日に創刊された、最初の日刊写真新聞である。イギリス『デイリーメール』やアメリカ『ニューヨークタイムズ』をモデルとし、「政治経済の堅きより市井の雑事の柔かに至る迄《まで》洩れなく普通に新聞紙の様に報道すると同時に、毎号全紙約三分の一は写真と挿絵とで日々の新事件を報ずる、読む新聞であって且《かつ》見る新聞」であった（『朝日新聞社史　大正・昭和戦前編』）。

同年九月一日に発生した関東大震災の影響により、一一日発行の第二二〇号をもっていったん休刊を余儀なくされたが、読者や同人の要望により、一一月一四日から週刊という形で復刊した。

この『アサヒグラフ』における満州移民に関する本格的な報道は、表紙に「満州組織農村の展望」と書かれた第二七巻第一五号（一九三六年一〇月七日）に掲載された「満州移民団の実績―集団移住地の展望」が最初である。

しかし、支那事変勃発後の誌面では、「北支事変画報」「北支戦線写真」「日支戦線写真」「支那戦線写真」と銘打った特集号が連載されたこともあり、満州分村に関する報道は意外と少ない。「満蒙開拓青少年義勇軍―大陸経営の中堅分子を養成」（第三〇巻第九号、一九三八年三月二日）と「満蒙開拓青少年義勇軍現地報告　斯《か》くて今我等は大満州の曠野《こうや》を拓く」（第二六号、六月二九日）の、満蒙開拓青少年義勇軍に関する報道が二本掲載されただけであり、満州分村に関する報道は、南郷村・大和村を含め全く見当たらない。

『アサヒグラフ』において大日向村が最初に報道されたのは、冒頭で紹介した一九三八年七月二七日発行の第三一巻第四号である。

記事に掲載された一三枚の写真のなか、村役場での打ち合わせの写真では、家族招致のために帰村した第一次先遣隊一七人が、「渡満準備はそつちのけで、先づ応召農家の田植に勤労奉仕の範を示し、次の日には林道の修築に終日汗を絞つた」ことが紹介され、「一年大陸の空気を吸つただけで、かくも違ふものかと吃驚する位ガツチリ」し、「これが一年前は「子供のためだ」と悲壮な決心をしてやつと腰をたてた連中である」という文章が付せられた。また、子どもの写真には「親達には去り難い一沫の哀愁が残つても、子供の世界には明るい未来しかない」、八九歳の老婆の写真には、「先祖の位牌をしつかと胸に抱いて「大変だけんど子が行つてれば仕方がねえ。なんにも仕事は出来ねえだからワズレエ（患ひ）をしねえで行くのが仕事だで」と老ひの目をしばたたく」という文章が付せられた。

そして、先に紹介した羽黒下駅に向かう一行の写真には、次のようなキャプションが付けられた。

支那事変が始まつてから、はためく日章旗の列は幾度か村を東から西へと過ぎて行つた。その度毎に或時は「愛国行進曲」が又或時は「満州大日向村建設の歌」が幾百村民の口から勇ましく歌はれた。銃を執つて戦線に起つも、鍬を振つて新天地の開拓に当るも、等しく国を挙げての長期建設への道である。送る者も送られる者も、心は遠く大陸の空に飛び、護国の赤誠《せきせい》（まごころ）はいよく〱鍛へられて行く。既に百数十名の働き手を大陸へ送つた大日向村が、農業生産力にいさゝかの減退をも来してゐない事実こそは、銃後村民の固き決意を雄弁に物語つてゐるではないか。

「鍬を振つて新天地の開拓に当る」分村移民と「銃を執つて戦線に起つ」出征兵士が同等に位置づけられている一方で、『大日向村報』で危惧された母村の経済更生については、「農業生産力にいさゝかの減退をも来してゐない」ことが強調されている。

同号に掲載された論考の中で最も注目されるのは、農村更生協会理事の杉野忠夫「農村の新胎動─大陸への分村運動」である。このなかで杉野は、「この運動は、今やつと始まつた許《ばか》りである。その最もラヂカルな形態で実行されたのは、長野県南佐久郡大日向村の人々が昭和十二年にスタートした満州大日向村建設運動であるが、その萌芽はすでに昭和六年満州事変の勃発と共にあつたと云つてよい。しかし、ほんたうは今はじまつたのではなく、否更に遠く我等の祖先の悠久なる昔からあつたと云ふ方が正しい。何故なら、分村運動は即ち、建国運動であり、天孫降臨以来不断の大進軍の一駒であるにすぎないからである」と述べた。

杉野は、『大日向村報』『拓け満蒙』に続き、『アサヒグラフ』においても、満州分村を「天孫降臨」以来の「建国運動」と力説しているのである。

しかしこうした主張は杉野一人ではない。『拓け満蒙』はもとより、『アサヒグラフ』にも一貫するものであった。事実、同号の「編輯室《へんしゅう》」欄では、以下のような記述が見える。

「満州移民」が食ひつめた余計者の逃避行でもなければ、一獲千金を夢見る山師《やまし》連の宝探しでもないことは、国家がこれを国策移民と呼び、長期戦下の現在尚多数の経費を投じて、之が計画遂行のために大童《おおわらわ》になつてゐる事実を見ても明瞭でありまが、満州移民こそは実に大陸に展開されつゝある聖戦と同様、八紘一宇《はっこういちう》の建国の理想を実現せんとする国民的大運動であり、長期建設への大道であります。
さきに二回に亘つて「満蒙開拓青少年義勇軍」の動静を紹介した本誌が、今又信州大日向村の分村大移住を取り上げたのも、大和民族に課されたこの歴史的大使命遂行のために幾分でも寄与せんがための熱意からです。

『アサヒグラフ』臨時増刊号

『アサヒグラフ』で再び大日向村が採り上げられるのは、一九三八年九月二〇日発行の『アサヒグラフ臨時増刊　国策満州移民の全貌』である（図10）。
「全国を風靡する分村・分郷運動」を特集した同誌では、「村を挙げて大陸へ　信州大日向村の分村大移住」のタイトルで、七月八日の出発の模様や写真とともに満州分村移民運動の中心である浅川村長と堀川が採り上げられた。

「山間の小さな貧しい村、長野県南佐久郡大日向村が全農村を風靡《ふうび》する分村運動に逸早く魁けて、四百戸の半分二百戸をそつくり満州の新天地に送らうといふ計画を実行する迄、誰かこの僻村の存在に注意を払つた者があらうか」という、貧しく困窮している僻村のイメージを前面に押し出す一節で始まる記事では、「真先きに立ち上つたのは浅川村長と堀川産業組合専務だった。村を救ふ道はこの外にはない！　両氏は真剣に村人に呼びかけた。分村計画が慎重に練られ、村民全体が真に人間らしい生活をするために、村を真二つに割つて、あの広い大陸に第二の大日向村を建設することに決つた。之をよく理解した村人は直ちに之に共鳴し、大日向村分村計画は村を挙げての運動となり、計画はいよ〳〵進み、村は今、躍進の意気に燃えて輝かしい更生の一途を辿《たど》つてゐる」と、各地で計画が樹立されている満州分村移民にとって、指導者が果たす役割がいかに重要であるかが強調された。

『アサヒグラフ』における報道で特徴的なことは、写真の多さである。「村を挙げて大陸へ」の記事でも、「希望に燃えて」「送別の宴」「社頭の誓ひ」「海を越えて引越」などのキャプションが付けられた七枚の写真が掲載された。このうち、抜井川沿いの街道を行進する一行と最高齢八九歳で渡満を決した小須田はるの写真は第三一巻第四号にも掲載されたものである。小須田はるの写真には「この意気に感ぜよ」、抜井川添いの県道を行進する写真には「送る者も送られる者も、思ひは早くも大陸へ飛び、大日向村、否新日本農村建設への固き熱意に燃えてゐる」というキャプションが付けられた。

全國を風靡する分村・分郷運動

分村・分郷運動とは

有史以来の民族大移動

経済更生運動の新しい発足

急テムポに進む分村・分郷運動

増刊　国策満州移民の全貌』】

【図 10　『アサヒグラフ臨時

記事と写真とキャプションが一体となって分村計画が大きく報道されている。

長野県からの発信

大日向村の報道は長野県からも発信された。

一九三八年九月、長野県は『満州農業移住地視察報告』を発行した。これは、大日向村の分村に刺激されて分村分郷計画を樹立する県内町村の指導者一五〇人余を対象に、七月一五日から八月九日の日程で長野県が実施した満州農業移住地の視察報告書である。報告書には、第一次弥栄村・第二次千振郷・第四次哈達河《はたほ》村・第五次黒台信濃村・第六次南五道崗《ごどうかん》信濃村・第七次大日向村の概況、「視察雑感」および「分村移住の重要性」と題する論考が掲載された。

報告書で最もページ数が割かれたのが、今回の視察中で「最も待ち焦がれてゐた」大日向村の概況である。「全国最初の分村計画」という表題で始まる概況では、堀川から聴取した新村建設の模様が、「山紫水明にして信州の山河に髣髴《ほうふつ》たる理想郷」「舒蘭県公署(県庁のこと)と軒を並べる大日向村本部」「匪賊の心配更になく 満人村長が移民団本部の小使様」「憧れの水田一四〇〇町歩 恵まれ過ぎた耕地」「夢の様な理想郷 建設計画も着々進む」「耕地は小作に　急ぐ学校、病院の建築」「菜園一〇〇坪余を持つ個人住宅」「始めて試みられる小作地の共同管理計画」「移住地に於ける副業　畳表、下駄製造等々」「二組の婚結費用　たつた七円七十七銭也」の項目で詳しく説明され、視察団一行は「予期以上の分村のよさと分村の可能性を再認識して帰つたことは、今回の旅行の上最大の収穫と言はねばならない」と記されている。この「夢の様な理想郷」を視察した一行は、分村の可能性をどのように再認識したのだろうか。

また、長野県企画課は、小須田兵庫が作詞し石田友太郎が作曲した「満州大日向村歌」を日本録音通信者に依頼しレコードに吹き込み、大日向村と満州大日向村に送付した（九月一五日付『信濃毎日新聞』）。

さらに、翌一〇月、長野県更生協会は、分村計画を樹立する町村関係者に向け、『大日向分村計画の解説』を発行した。六二頁に及ぶ冊子は、農村更生協会の質問に村長・収入役・産業組合長が答える形で、「大日向村の概況」「分村計画樹立の動機」「分村計画の目標」「送出計画の実行状況」「移住者送出に関する諸計画」「分村に伴ふ母村の更生計画」「満州大日向村の建設」「母村と新村の提携」「分村計画実行の感想」を詳しく解説したものである。

冊子のなかで浅川は、大日向村分村計画の重要性を次のように強調した。

本村の分村は全国に魁けて実行したものである。だから拓務農林両省はもとより、全国挙げて声援をして戴いてゐる。若しこの分村移住が失敗したら、百万戸移住の国策の上にも支障を来すことが甚だ大きい。移住者は日本歴史の一頁を輝かしき文字で埋むる様、全力を尽さねばならないこと等を充分強調し、殊に移住地建設に当りましては、小我を捨てゝ大同し、利己を排して全体に生きる様な心構へを充分涵養《かんよう》しなければならないと思ふのであります（『大日向分村計画の解説』）。

「満州大日向村の建設」では、『満州農業移住地視察報告』の一部が再掲されるとともに、家族招致で渡満した大日向小学校女子児童の母校にあてた手紙が掲載された。この手紙は、「渡満児童から懐しい便り」として『大日向村報』第一三号（八月一五日）に掲載されたもので、「純真なる童心に映じた移住地」というタイトルが新たに付けられて掲載された。

図11は、『大日向分村計画の解説』に掲載された「大日向村略図」である。略図には、耕地が少なく、山林ばかりが並ぶ「母村」と、鉄道が通り、水田・畑が目立つ「子村」が

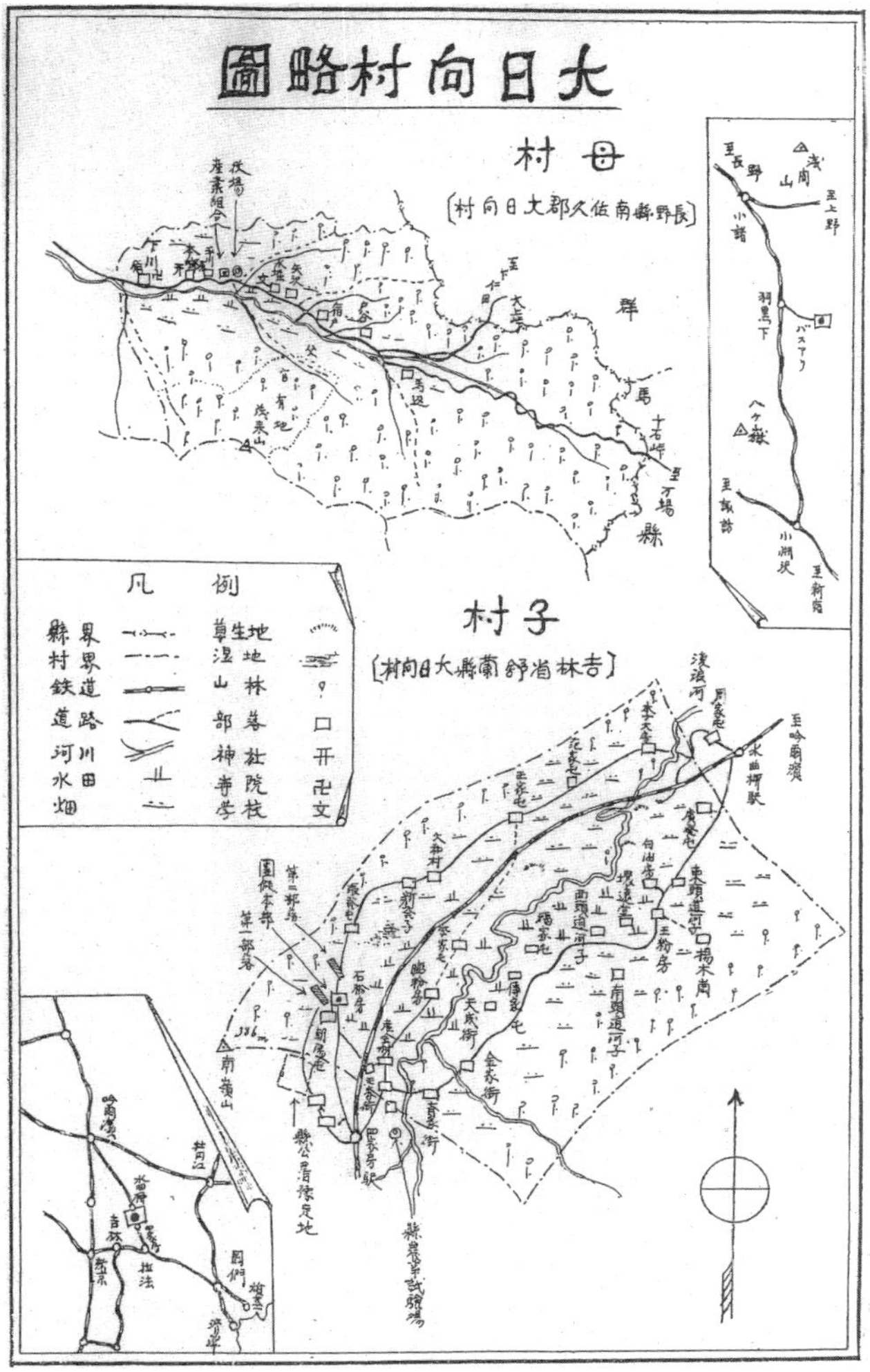

【図 11 「大日向村略図」『大日向分村計画の解説』】

対照的に描かれている。第一部落に四八棟、第二部落に四〇棟の家屋がすでに完成し、一一月には、三〇〇人を収容する総煉瓦造りの大日向尋常高等小学校が両部落の中間地に竣工予定であった。

こうした満州大日向村の建設状況は、日満両国が一九三七（康徳四）年八月に設立した満州移民の助成機関である満州拓殖公社の機関誌『偕拓』第二巻第二号（依田国祐「移住地の概要」、康徳五年九月一日）と、信濃海外協会が発行する『海の外』第一九七号（依田「満州大日向村移民地の概況」、一九三八年九月一日）でも報じられた。

四家房への入植から五か月。先遣隊と第一次本隊による満州大日向村の建設は、大きな夢と期待とをもって報じられたのである。

『拓け満蒙』『アサヒグラフ』における報道や『満州農業移住地視察報告』『大日向分村計画の解説』の発行などの結果、分村計画樹立のために長野県内外から大日向村を訪れる視察者がいっそう増加した。

『大日向村報』や『役場当直日誌』をもとにまとめた『分村日誌』には、第一次家族招致隊が出発した七月八日からわずか半年間で、拓務省・農林省・更生協会・中央融和事業協会・長野県をはじめ、山形県・埼玉県・東京府・神奈川県・山梨県・群馬県・石川県・

福井県・岐阜県・愛知県・滋賀県・山口県からの「本村分村計画視察」が記されている。

　このうち、長野県神科《かみしな》村・上久堅村、山形県温海《あつみ》村、埼玉県中川村、岐阜県坂下町・竹原村、愛知県山吉田村は、農林省から分村計画樹立町村に指令された町村で、上久堅村は一九三九年二月、三江省通河県新立屯《しんりつとん》《シンリトエン》に分村入植した。

単村分村という神話

母村の経済更生

『拓け満蒙』や『アサヒグラフ』で大日向村の分村計画が華々しく報道されるなか、一九三九（昭和一四）年一月一日付で発行された『大日向村報』第一八号の第一面を飾る「年頭之辞」において、浅川村長は次のように述べた。

昭和十二年春、全国ニ魁ケテ国策線ニ突入シマシタ満州分村計画モ、幸ヒニ各位ノ理解アル協力ニヨツテ、現ニ進行シツヽアル現況デアリマスルガ、本年ハ愈々此ノ大計画ガ仕上ゲノ一点ヲ附ス可キ、重大ナル年度ニ際会シテ居ルノデアリマス。此ノ満州分村移民ニ依ツテ、果シテ内地ノ母村ガ更生シタカドウカヲ天下ニ例示スルタメニ、残レル母村民ニ掛ケラレタル責務ガイヨ〳〵判然トシテ浮ビ出テ来ルノデアリマス。今日マデハ送出ノタメニ大量（大変）デアツタノデ、分村民ノ為ノ満州移民ノ如ク考ヘラレタカモ知レマセヌガ、本年ハ之レガ愈々残ツテ居ル自分等ノ為デアツタ事ガカ強ク各位ノ胸ニ迫ルノデアリマス。国民トシテ、村民トシテ、自己ノ職責ヲ果ス可キ、果サネバナラヌ責務ガ厳然トシテ各位ノ眼前ニ横タワツテ居ルノデアリマス。

先遣隊の送出から三年目。分村計画が最終段階であること、分村である満州大日向村の完成と並行して、母村の経済更生が重要な課題であることが強調されている。

こうした言葉の背景には、母村の経済更生が必ずしも計画通りに進展していないという状況があった。

事実、『大日向村報』において、母村の経済更生計画の進捗状況を心配する声が、しばしば掲載されていたのである。

今我等村民の多数が、懸念してゐる問題は、渡満すべき人達が渡満してしまつた後の経済関係の諸問題である。例へば、戸数が減じた時の村費の負担は、重くなりはしまいか、渡満者との債権債務の関係は如何に解決されるだらうか、又此の関係を何人が仲介者となつて、解決の折衝の任にあたつてくれるだらうか、渡満者が今迄耕作して居た田畑の全部が、今迄の様に誰によつて耕作されるであらうか等々である。（中略)。

利害が相反するような場合にも自己本位の利益は少々は譲つて、村といふ全体のために、いさゝかの犠牲は払つてもらはねばなるまい。相互扶助の精神、互譲の精神がなくては、利害相反する者を抱合《ほうごう》する此の実社会の進展は望まれないのである。全村民が疑心暗鬼を去り、又犠牲を捧ぐる人が有り、債権債務其の他の関係を公平に処理する立場の人を得たならば、本村経済更生の大計画は愈々《いよいよ》進捗をみるであらう（『大日向村報』第九号、一九三八年四月二八日)。

満州国分村移民規定において、分村移住者の債権・債務財産、移住者間の債権・債務の整理などは、経済更生委員会に一任するとされていた。しかし、分村移住者の家族招致が行われるまでは、残留家族に対する生活扶助が必要となり、債権・債務処理はスムーズに進まなかったのである。

出征兵と満州移民とで労働力が激減して居る本村は、我利《がり》我利《がり》主義を捨てゝ、有無相通じ合つて相互扶助の実を挙げてもらひたい。時代は個人主義の世ではない。大いに団体力、社会力を根底にした制裁方によつて、已一人一家をのみ護らむとする我利我利盲者を自覚させて行かねばならない。村に我利我利盲者が少くなることは、大日向と云ふ一小区域の文化が向上した一証である（『大日向村報』第一〇号、五月二八日）。

元村の廢鑛復活で
大日向移民が頓挫
縣が完成方を激勵

【図 12　1939 年 2 月 3 日付『信濃毎日新聞』】

支那事変から一年、大日向鉱山の拡張や新鉱山の開発が行われ、村外から鉱山労働者が多数流入する現象も生じた（図12）。

こうした状況のなか、村には「疑心暗鬼」や「我利我利」の雰囲気が漂っていたことがわかる。

「元村ノ皆様ノ中カラ渡満」

続いて、第三次本隊出発に先立つ『大日向村報』第一九号（二月一一日）では、以下のような内容の「分村大日向村ノ第二年度ノ建設計画大要」が掲載された。

一、本年度入植ノ予定ハ百二十戸デ、之レハ全部元村ノ皆様ノ中カラ渡満シテ貰ヒマス。尚本年渡満ノ方々ハ、家族ノ方ヲ全部同伴シテ入植シテ戴キマス（中略）。

一、百二十戸ノ入植ノ為メニ、本年度ハ三ツノ部落ヲ建設スル事ニナツテ居リマス。李家屯《リジャトエン》、伝家屯《チウアンジャトエン》、西頭道河子《シトォウドアウホォジ》ノ現住民部落ノ附近デアリマシテ、李家屯ハ地区ノ中央デ渓浪河ノ近クデ、四通八達ノ場所デアリマス。伝家屯ト西頭道河子ハ河ノ東デアリマシテ、広大ナル田畑ガアリ又山林ニモ近ク、農業経営ニハ実ニ理想ノ場所デ御座イマス（中略）。

一、第二部落ノ西側ノ丘ニ村社ヲ建設シマシテ、天照皇大神、出雲大社、明治神宮ト氏神様ノ御分体ヲ奉戴《ほうたい》致シマシテ、分村鎮護ノ霊域ヲ設ケマス（中略）。

一、小学校敷地内ニ寄宿舎一棟ヲ建テマシテ、遠方部落ノ児童ヲ収容寄宿セシムル計画デアリマス。

「建設計画大要」のなかで注目したいことは、「本年度入植ノ予定ハ百二十戸デ、之レハ全部元村ノ皆様ノ中カラ渡満シテ貰ヒマス」という一節である。ここから、すでに渡満した本隊のなかには、「元村ノ皆様」だけでなく、「他村ノ皆様」も含まれていたことがわかる。

しかも、「建設計画大要」の最後には、「御願ヒ致シマス事ハ、元村ノ更生計画通リ二百戸二百人ノ団員ヲ送出シテ戴ク事デアリマス。昨年分村ニ入植シマシタ八十九名ノ残分百十一人ノ人々ガ渡満シテ呉レナケレバ計画通リ元村ノ更生ガ出来ズ、従ツテ分村ノ建設ニ大支障ヲ生ズルノデアリマス」と書かれていた。

送出予定戸数の半分も満州に送出できていない状況のなか、第三次本隊は大日向村民のみで構成すること、かつ本隊は本人単独ではなく、家族を引き連れて一家で渡満することが強く求められた。このことができなければ、分村の建設も、母村の更生も、ともに実現しなかったのである。

経済更生委員の渡満

三月二四日、県立御牧ケ原農民学校訓練所における「満州分村行訓練」を終了した第三次本隊団員七一人と、大日向小学校児童一七人を含む渡満家族一一八人の計一八九人が、浅川村長と小金沢孝造・坂本正男両書記の引率により出発した。

一行は、長野市で開かれた県主催の壮行会に出席したのち、家族班と単独班に分かれて渡満した。家族班は二六日午前に官幣《かんぺい》大社気比神宮で敦賀市主催の祈願祭に列席したのち、「さいべりあ丸」にて敦賀港を出航、単独班は二八日午後「月山丸」にて新潟港を出航した。

第三次本隊団員の中には、前村会議員三人、現村会議員二人、区長三人、学校教員二人、役場書記二人、産業組合書記一人、計一三人が含まれていた。分村計画にあたり作成された誓約書に記された予定戸数が一五〇戸に達しない場合は「吾等経済更生委員ハ率先移民団ニ加ハリ渡満シ」が実行されたのである。

しかし、こうした実態は報道されなかった。第三次本隊送出の様子は、五月一日発行の『新満州』第三巻第五号に掲載された特派記者「信州大日向村分村最後の本隊渡満」と題する記事で、以下のように報じられた。

三月二十四日、信州大日向村の満州分村計画が成就する歴史的な本隊送出の朝だ。一昨昭和十二年の七月八日に二十名の先遣隊員を送つた分村開拓史の第一頁から、矢継早やに青壮年の村民を開拓地に送り、現地訓練、入植からスピードの建設で大急ぎで家を建て、家族と花嫁を送つて、愈々今度は最後の仕上げに本隊員七十一名を送り出す。而かも此の中二十五名は、一緒に家族を同伴するといふ他の開拓団には例を見ない分村の門出である。

むしろ記事では、大日向村で「単村式分村」が成功した理由が強調されている点が注目される。記事の半分を占めた、大日向村開拓団員一五人とその家族（高齢者）三人、小学校訓導、引率者、満州新聞社・『新満州』記者の計二二人が参加した「船中座談会」では、「家内が満州行を反対しましたが、高等小学（大日向小学校高等科）に行つてゐる子供達が迚《とて》も乗気で、母さん、そんなに嫌がらずに行かうよと云つて誘い出した」「子供にすゝめられた家は沢山あります」「学校の教育はえらいものです。子供は満州に行かぬ者はどうかしてゐると思つてます」と、まず、教育の重要性が指摘された。

続いて「本当は嫌だつたが（笑声）、子供が行くもんだからついて来やした。途中で死んだら海へほかせてくれと言つてゐるが、この調子なら大丈夫だ」「お袋はまだ見ない所を見て死ねるのは結構だ、子供達の膝を枕に死ねば本望だと私達について来てゐます」と、満州移民を楽観的に考えている高齢者の語りが紹介された。

小須田はるに象徴されるように、『拓け満蒙』や『アサヒグラフ』では、渡満する高齢者のエピソードがしばしば報じられた。高齢者が渡満する理由として、日露戦争で死んだ親族が眠る地に行く、子どもに連れられて、開拓団においては年配者の知恵が必要、満州の沃地に魅力を感じるなどが指摘され、満州移民に対して不安を抱く高齢者の対策が重視されていることがうかがえる。

さらに、「大日向の分村が此れ迄に出来たのは、皆が堀川団長を信頼する気持ちがあったから」「堀川さんが行つたから儂等《わしら》も行かうと出た人も多くありました」というような指導者の存在、「残つた人も満州に行く人と同じ気持で秩序正しく実行してくれゝば更生するでせう」という表現による元村と分村の「共存共栄」の重要性も語られている。

ラジオ放送

第三次本隊送出をピークに、その後、大規模な家族招致や補充団員の送出は行われなかった。このため、三月末日時点での送出戸数は約一六〇〇戸で、目標とした二〇〇〇戸には達しなかった。

こうした状況のなか、日本放送協会長野放送局が企画した長野県ラジオ青年夏期講座に出講した村長の浅川は、七月九日、二〇分にわたり「大日向村分村の話」を講義した。

このなかで分村計画の経過と渡満の前後処理について説明し、「吾等村人が老若男女相擁して新らしき村の建設に従事」し「四ケ部落百七十戸の住家が整然と建設せられつゝあるの情況は聊《いささ》か邦家のため快心の念禁じ得ざるを覚ゆる」と述べた浅川は、「誠にすら〳〵と簡単に相当数の人々が渡満出来た様に感じらるゝでありませうが、仲々左様に坦々たる順路許りではなかった」と本音を吐露した。

そして、渡満の際に生じた障壁を紹介し、「之等の士の戦士を送出する為めには村も亦全能力を傾注する」と述べたのち、青年たちに次のように呼びかけた。

諸君の戦場は何れの処にも枚挙に遑《いとま》ないのであります。須らく国家総動員のこの秋、国民精神総動員の第一線に自ら率先して、身を以つて祖国振興の挺身隊として諸君の底力ある活動を衷心《ちゅうしん》期待して止まざる者であります（「大日向村分村の話」）。

この呼びかけを浅川が最も伝えたかった相手は、他ならぬ大日向村の青年達だったのではないだろうか。

単村分村の実態

浅川村長がラジオを通して大日向分村について話した七月、東京帝国大学農学部農業経済学教室の神谷慶治は、農林省の委託により、一四人の学生とともに、「他所の分村計画にも示唆多い」大日向村の分村計画の実地調査を行った。

七月と三か月後の一〇月の二回にわたり実施した実地調査の結果について、一二月一日付『東京朝日新聞』は、「あとに残る大日向村－跡地少なし、地主も移住せよ　神谷助教授らの調査報告書」という見出しを掲げ、神谷のコメントを以下のように報じた。

昭和十二年七月から始まった大日向村の分村は、最初は村の総戸数四百六戸の約半分、二百戸を出す予定だつたが今までに渡満したのは百八戸、約五百名に止まり、今後もつと渡満させるかどうかは色々の点で障碍がある。我々の調査では残された土地－跡地といふ－これがどう処置、利用されてゐるかを重視したが、先づその少ないことに驚いた。同村の水田五十町歩のうち残されたのは僅か十三町歩に過ぎない。これは渡満した人々が比較的貧困な階級の人人であつたためで、この点から推せば最初の二百戸移住案も、貧しい人々だけが行つたのでは土地の残る率は矢ツ張り少ない。つまり本当の分村計画は戸数を何戸移すかといふ事よりも跡地を何町歩残すかといふ点から計算しなければ、いはゆる母村の更生は望まれない、このためには或る程度母村の地主階級が渡満しなければ嘘である（中略）。

最近思ひがけない景気が同村の深山渓谷から出た。それは今まで貧鉱として手のつけられなかつた銅、クローム、石炭などが時局の波に乗つて浮び出し採鉱会社が四つも出来たことだ。村民はこの方に傭はれて毎日百人位づつ鉱山へ行くが、鉱山ではなほ人手が足りなくてよその村からも傭つてき、結局一昨年以来分村したぐらゐの人数が他所から来てゐるといふ妙な有様である。

神谷のコメントから、移住者の多くが「比較的貧困な階級」であったため、母村の経済更生が難航していること、さらに鉱山特需による雇用者の増加により、渡満するものが減る現象が生じていることがわかる。

こうしたコメントを寄せた神谷は、「大日向村の結論は、無論分村しないよりはした方がよかつた、残つた村の、村全体としての財政はさして豊かにならなかつたが、渡満した個人個人の物質、健康、精神上の利得を考へれば結局プラスである」と述べ、大日向村の満州分村が、メディアが報じているものとは異なる様相を示していることを示唆した。

実地調査の詳細な報告書は、「分村運動に関するはじめての研究」として、翌一九四〇年一〇月、『分村の前後』と題して岩波書店から刊行された。この報告書のなかで、「人口流出の形態」と「経済的階層」に関して、次のような興味深い指摘がなされた。

まず、「人口流出の形態」に関して、一九三九年末の大日向村の「入植数一九一団員」のうち、①戸主が家族全員を引き連れて移住した全戸移住は五六件、②戸主以外の家族員やその家族が移住したケースが二四件、③母村に後継者を残し、戸主が家族の一部を引き連れて移住したケースが四件、④移住したものの、まだ家族招致を行っていないものは一六件の合計一〇〇件にすぎず、「約二〇〇戸の分村と云つてもその母村に与ふる影響からすれば、分村運動によつて動かされた戸数移動はその半数に過ぎなかった」。また、大日向村出身で他町村に居住するものに範囲を広げても、⑤他町村に移住していた大日向村出身の戸主が家族とともに移住したケース一一件、⑥大日向村の戸主の家族で他町村に単独で出稼ぎしていたものが移住したケース六件の合計一七件にとどまった。

こうした結果をふまえ、農業経済学教室は、次のような注意を促した。

分村前の総戸数は四〇六戸と唱へられてゐるから、その二割四分弱が家族の全員或ひはその一部を移住せしめたものと考へられ、残余の七割六分の戸数は、分村によつてその家族の一部をも動かさなかつたのである。分村の母村に与ふる諸影響を考察する場合、この1/4と云ふ数字は注意に値するものと考へられ、特に分村計画が四〇〇戸の半分を移住せしめんとするものであることが一般常識となつてゐるとき、読者に於いてはこれは単なる数字ではあるが、本論文を通読さるゝ上に絶えず念頭におかれんことを希望する（『分村の前後』）。

分村計画では二〇〇戸の送出を掲げながら、大日向村からの送出戸数は半数に過ぎなかった。また分村移民団員の四分の三は、大日向村出身で他町村に居住していた戸主やその家族、他町村に出稼ぎしていた者、および、他町村の出身で渡満に際して「大日向村に転籍したもの」、すなわち大日向村民として移住した戸主や家族で構成されていたのである。

なぜ、このような結果になったのか。この理由を、農業経済教室は、次のように解説した。

母村に於いては人口比較的少なく、その職業の種類も単純にして、大日向村の経済社会生活は、近隣の村、栄、海瀬、青沼等に結合して始めて可能である。従つて内地に於いては単純なる職業にて間に合つたのであるが、満州に於いてはこの近隣の村の経済社会生活を営むに必要たりしものを引き抜いて行かざるを得なかったのであらう。こゝに単独分村と云ふことをその村の社会経済状態を無視して一率に考へるのは、この点に於いて多少の無理があることを示し、殊に人口少く、職業組成が単一化され、商人が他村から行商に来、村人も多くは主要なる買物には栄村の高野町と云ふ商店街に出掛けると云ふやうな一つのコムミユニテイを形成して始めてその村の経済社会生活が営まれる如き村に於いては、その村の行政区画内の人口の移住のみを以てしては満州に於いて一社会集団をなすのに多くの不便があるであらう。現実にはこの行政区画を無視して、村人の血縁関係を主として、前述のコムミユニテイ或は地縁関係を従とせる移住形式が創出されたのである（『分村の前後』）。

文中の「村人の血縁関係」とは、「マケ」と称される鞏固な同族意識をもった縁故者（血縁者）をさす。先に述べた⑤と⑥の移住者がこれに該当するものと考えられる。

しかし、収穫する米や小麦は四、五か月しか自給できず、現金収入といえば養蚕と炭焼きに頼り、さらに「油屋」や栄・海瀬・青沼など近隣町村の商人から飯米やその他の生活必需品を購入して「村の社会経済生活」を成り立たせていた大日向村にとって、「マケ」と称される鞏固な同族意識をもった縁故者同士が「村民」として渡満したところで、それは「職業の種類も単純」な人々による「村の行政区画内の人口の移住」にすぎなかった。「油屋」や近隣町村の商人に相当する職業を有するものが一緒に移住しなければ、「村の経済社会生活」が成り立たず、「一つのコムミュニテイを形成」することは不可能であった。こう分析した農業経済教室は、「単独分村」を「村の社会経済状態を無視して一率に考へる」ことへの危険性を指摘した。

続いて、分村移民の「経済的階層」に関して、「全戸移住に於ては分村は、比較的下層のものが移住したのであるが、分村に参加せる人達の出身家庭、或は各家庭の分村への参加率と云ふものは、必ずしも下層が多く、上層が少いとは云ひ得ない」と指摘した。これは、堀川清躬・堀川正三郎・中沢など経済更生委員が、「分村の幹部」として渡満したことをさす。

だが、これは浅川が重視した「村を真二つに割る」「村内各階層から移民者を出す」ものとは程遠いものであった。
もっとも、この点に関しては、早くから指摘されていたことに留意したい。農林省経済更生部が一九三九年四月に朝日新聞社から刊行した『新農村の建設―大陸へ分村大移動』――表紙は『アサヒグラフ』第三一巻第四号に掲載された大日向村渡満一行の写真――のなかで、「調査者の感想」として以下のことが記されている。

一般に分村とは村の人々を縦に二つに割つて、その一つを満州へ移すことであると云はれて居り、その例に大日向村が挙げられるのであるが、実際には大日向村は村を縦に真二つに分割してゐないし、移住者は比較的下層の階級から出てゐる。これはやむを得ないことで、実際問題としても分村の建設に必要な幹部になる者さへ母村から出れば、必ずしも機械的に村を縦断的に区分する必要もないし、その方が却つて実現可能性も多いと思ふ（『新農村の建設』）。

大日向村では、「村を縦断的」に区分することよりも、分村計画の「実現性」の方が重視されたことがうかがえる。

「満州分村の神話」

一九四五年一月、東京産業大学東亜研究所は、研究部定例報告会で、大日向村の送出団員数に関して、送出団員数は義勇軍一四人を含め二〇一人、「村内よりの移住者」は一一七人、近隣の町村に居住した大日向村の縁故者を中核とする「他町村よりの移住者」は四七人と報告した。

こうした結果をふまえ東亜経済研究所は、①「少なくとも量の上では計画目標に達した」、②「村内からの全戸移住は八三戸に過ぎなかった」、③「移民者の階層は主として下層の人々が中心であった」、④「計画遂行の努力は送出者の数に主として注がれた」ことを挙げたのち、以下のような注目すべき点を指摘した。

大日向村の当事者達は、右の困難を、何よりも先づ「数」の面で克服せんとしたのであらう。如何なる層の人々を送出するか、それが村にとって何を意味するか、といふ様な問題は、計画遂行の途上にあつては、必ずしも充分に考慮されて居たとは思はれないのである。而も、一般に分村計画の進行が停滞傾向にあつた当時に於ては、為政当局の関心も送出数の面に向けられて居たのである（『分村計画の展開とその問題

—第一期五ケ年の成果への反省』)。

大日向村の分村移民は、二年間という短期間に、「村内」から二〇〇戸を満州に移住させることが、何よりも重視されたのである。

こうした実態にもかかわらず、第二・第三の大日向村を作り、しかも停滞傾向の分村計画に刺激を与えるため、「単村式分村」「単独分村」を全国で最初に実行し成功させた村として、満州分村のモデル「大日向村」が様々な方法で描かれ、満州分村の神話が語られていく。

その嚆矢《こうし》となったのが、一九三九年六月に朝日新聞社から出版された、和田傳の小説『大日向村』であった。

描かれた大日向村

小説『大日向村』

「半日村」

長野県南佐久郡大日向村は、千曲川の上支流、群馬県境十石峠から発する抜井川の渓流のほとりに、県道岩村田・万場線に沿うた峡間の底の村、東西二里二十四町の間に八つの部落をならべ、夜の明けるにおそく、日の没するにはやく、とくに南に聳えたつ茂来山は濃い陰翳で全村を蔽ひ、ために冬など朝は九時にならねば太陽を仰ぐことができず、午後は三時にははやくも大上峠に日は沈み、昔から俗に半日村とさへ呼ばれてゐる、大日向村とは名ばかりの暗い日陰の村である。

小説『大日向村』は、このような書き出しで始まる。『アサヒグラフ』が報じた「大日蔭村と呼びたいやうな山間の僻村」を、和田は「半日村」「暗い日陰の村」と表現した。

小説は、一九三六（昭和一一）年の暮れから、一九三八年七月八日の「第一回家族送

【図13　小説『大日向村』扉】

出」までの大日向村を描いたもので、全部で二六章、後記とあわせ全三八二ページである。

小説の前半では、農村恐慌で「桃源の夢がたたき破れ」、「借金の総額四十八万円、一戸当り平均千二百円」の負債を抱えた大日向村の経済状況が語られたのち、次の文章で終わる。

　村長由井啓之進は辞表を突きつけてしまひ、助役須川佐平も同様に辞表を書いてしまつたが、しかし、人々は生活に対して辞表を書くことはできないのである。昭和十一年の暮れも近く、全村四百〇六戸の屋根々々の下に、そしてまた自治体としての村政運営の上に、かくて大破滅が刻々と近づきつゝあつた（五章）。

小説の中盤では、浅川武麿の村長就任（七章）、「大日向村を二つに裂き、その一半をそのまゝ大陸に移し、もう一つの新しい大日向村を彼地に打建てよう」とする浅川の決意（九章）、満州分村移民計画の立案と決定（一九章）に至る過程をたどる。分村計画を推進する浅川（村長）・堀川（産業組合専務）・小須田兵庫（村会議員）ら村当局、満州へ移住すべきか否かで悩む農民、分村計画に反対・抵抗する「古谷部落の豪家」であり「大地主で、大山持ちで、豪商」の「油屋」やその分家「笹屋」など債権者の人間模様を中心に描かれる。

小説の後半では、「満州大日向村建設史の第一頁を起すべく勇躍出発」した第一次先遣隊（二〇章）、堀川が引率して出発した第二次先遣隊（二二章）、入植地の決定（二四章）、小須田兵庫を隊長格に勇躍出発する本隊（二五章）と、分村計画の実行が時系列的に説明される。

そして、最後の二六章では、第一次先遣隊を送出した思い出深い記念すべき日を選んで行われた「第一回家族送出」の様子が詳しく描かれたのち、以下の文章で終わる。

大日向万歳！
満州大日向万歳！

歓呼と旗の波に送られてゆつくりと電車は動き出して行つた。

大日向万歳！……満洲大日向万歳！

佐久平では、田植の最中であつたが、人々はその電車を見かけるといづれも田の中から万歳を叫んだ。

電車は千曲川に沿つて佐久平を北上し小諸の信越線ホームにすべり込むまで、田からも村からも町からもこの万歳を浴びながら走つたのである（終）。

和田傳と大日向村

和田傳は、一九三七年に長編小説『沃土』で第一回新潮社文芸賞を受賞、「農民文学の正しき発展を図る」ことを目的に、有馬頼寧《よりやす》農林大臣や和田、島木健作、丸山義二らが中心となって一九三八年一一月七日に結成した農民文学懇話会の初代幹事長を務めるなど、「農民文芸の寵児」「農民文学の第一人者」と称された人物である（『和田傳全集』第一〇巻）。

和田が小説『大日向村』を執筆した動機と意図は何か。この点に関し和田は、初版本の「後記」で次のように述べている。

> 私の眼を大陸へ向けてくれたのは最初に東朝（東京朝日新聞）である。昭和十三年の夏、すでに前年の夏から起つた支那事変を契機として、内地農村の問題に就てあれこれと悩んでゐた私の頭に大陸がもや〳〵と影を翳してはゐたが、アサヒグラフの松崎不二男君に引張り出されて茨城県内原の満蒙開拓青少年義勇軍訓練所を訪ねた時から、私は内地農村のいろ〳〵な問題を大陸との関係なしには考へられぬことになつてしまつた（中略）。内原の訓練所行きはやはりアサヒグラフに訪問記を書くためであつたが、それが実に私にとつての大陸への開眼になり、大日向村の分村計画のことも同君からきいてはじめてその時知つたのである。

和田は、『アサヒグラフ』第二七巻第二〇号（一九三六年一一月一一日）に「村里秋二題」と題する随筆を寄稿したことが縁でアサヒグラフの松崎と出会う。そして一九三八年夏、満蒙開拓青少年義勇軍内原訓練所を取材した時に、大日向村の分村計画を知ったようだ。

> 大日向の分村計画は大日向型と言はれ、すなはち一村をもつて一移民団を形成し、

村を縦に割つて地主、中農、貧農のすべての階層をあげて一団をつくるといふ未だほかにはなかつた画期的な新分村形態である。資産上からばかりでなく、頭脳的にもあらゆる層を網羅し（中略）、資産、頭脳ともに母村と振分けにし、双方の再建と建設を考へた上での周到な分村である点、注目に値するのである（「後記」）。

その後、「日夜大日向のことを考へて眠られなかった」という和田は、一〇月一三日から一六日まで大日向村に滞在し、資料の提供を受けるとともに、浅川、畠山重正産業組合長、小須田啓介組合主任書記をはじめとする人々を取材。そして、第二次家族招致隊が出発した一六日、「万歳の歓呼と別離の歔欷《きょき》」のなか小諸駅まで同行した。さらに、農民文学懇話会発会式当日の一一月七日、同会より満州に派遣され、真っ先に四家房大日向村を訪れ、「この画期的な大事業の幾分でも伝へることができたならといふ気持と、幾分をでもひろく伝へなければならぬのではないかといふ気持とから」執筆したという。

和田によると、小説のストーリーやモデルは、大日向村に四日間滞在し、「ひとりで気《き》侭《まま》に歩き廻り」「いろいろなヒントを得、思ひつきを与へられた」とのことで、厳正を期したのは長野県庁・大日向役場資料にもとづく数字のみであるという。事実、和田は、モ

【図14　小説『大日向村』の宣伝　1939年6月13日付『信濃毎日新聞』】

デルが指摘され、自ら名乗りをあげる人がいるが「私は微笑を禁じ得ない。私はそんなに忠実な記録者ではなかった」（『アサヒグラフ』第三三巻第二一号、一九三九年一一月二二日）と述べている。また、「後記」でも、これは「小説大日向村」であり、「実在の方々とは一応切り離して読んで頂きたい」と改めて強調している。

大日向村の分村計画に興味を抱いた和田が、大日向村と満州大日向村での取材を踏まえ「画期的な新分村形態」について描いた物語。これが小説『大日向村』であった。

あらゆる層を網羅

では、和田が小説『大日向村』で最も強調したかったことは何か。それは、大日向村が計画した「画期的な新分村形態」が、村当局・地主・中農・貧農など村の経済的階級を縦に「真二つ」に割り、「あらゆる層を網羅」した分村であることであった。

大日向村には、「ほんたうに満州へ行きたがつてる者、行かなけやならないやうな者、村の再建といふ立場から考へてもどうしても行くべきだと思はれる者」ほど、「借金で縛りつけられて、実際のところ身動きも何もできねえんでやす」、「文句なく行けるやうな者に限つて、べつに行く必要もねえ人間と来てる」という問題があった（一〇章）。この問題を解決するために浅川は、「行かなければならない」者が抱える負債七万円を「きれいに帳消しにしておくれんか」と油屋に切り出し、油屋が「それぢや、夜明けまでどころか、百年粘つづけたつて無駄だわさ！」と答える場面がある（二二章）。

しかし、小説では、こうした地主・中農・貧農間の債権・債務処理問題に関する具体的かつ詳細な描写は少ない。代わりに強調されるのは、浅川の次の言葉である。

百五十人は、是非ともこれはあらゆる階級から選びたいと思ふんだ。貧乏人ばかりでもどうかと思ふし、それではこちらはよくなるか知れないが、向ふの村がしつかりしたものにならんだらうからな。かと言つていま言つた文句なしに行けるやうな者ばかりに行かれたんでは、向ふはいゝ村になるだらうが、こっちは駄目になる。従つてこれはあらゆる階級から、地主も自作農も小作人も、百姓を全然してゐない炭焼人も、みんな行くやうにしなけれやならぬと私は思ふんだ（一〇章）。

こうした方針のもと、渡満人数については次のように触れている。「ただ頭数だけを揃へるといふのでなしに、あくまで母村再建、子村建設の大目標のためにはその員数を、あらゆる資産的、頭脳的、または年齢的階層からすぐつて選び出さなければならなかつた」（一四章）。資産的、頭脳的階層とは、「分村規定の骨子をつくるに精魂をしぼった連中」、「これからも武麿の手足」となり「送出移民の勧誘獲得に、負債の整理、財産の調査処分に、残留家庭に共援（共同援助）に働いて貰《もら》はねばならぬ」、「武麿からすれば大事な持駒である連中」であった。

小説では、村民の渡満を加速させるために、これら資産的、頭脳的階層の中から率先して渡満を希望する者が描かれる。

まづ行かなきゃ駄目だと思ひやす。行つて、行けくでなく、来いくと引張るのがどうもほんとでやせう。わしらも、いま行つたつて、行きつぱなしぢやゐねえつもりです。それやみんなが続々とあとからやつて来れば文句はごわせんが、さうゆかねえ時には、わしらはまた引張りに帰つて来やすよ（中略）。最後まで、百五十戸を送り出してしまふ最後まで、わしら働きやす。（二一章）。

図15は、小説『大日向村』に登場する主な人物をまとめたものである。

ここで注目したいのは、小説では、分村計画を決定し、満州へ村民を送り出す側であり、実際には先遣隊と第一次本隊には一人も名を連ねなかった経済更生委員会委員の中から、第二次先遣隊と本隊が送出されていることである。すなわち、実際には第一次本隊に先立ち幹部として渡満した役場書記の堀川正三郎は第一次先遣隊に、第一次家族招致隊の渡満後、満州大日向小学校長として渡満した中沢勇三は本隊に、連合青年会長の市川昌幸と農会総代の大沢与之吉、秋山銀次郎、小須田彦一郎は第二次先遣隊に、在郷軍人分会副会長の小須田三次郎は本隊として名を連ねている。また、第一次本隊として渡満し、『大日向村報』第一〇号（一九三八年五月二八日）に「満州分村便り」を寄稿した小須田兵庫は、村会議員・学務委員として経済更生委員会委員に設定されている。まさに「四本柱会議」のメンバーが率先して渡満する構図として描かれているのである。

【図 15　小説『大日向村』に登場する主な人物】

また、年齢的階層には、「年寄や女子供」も含まれていた。ある場面で「きみのところのお婆さんには是非とも行つて貰ひたい」と勧誘する浅川は次のように語る。

第一次から今度の七次まで、移民団で八十九の老人が満州へ行つてるなんてのが一人でもあるかえ？　一人もありやしねえよ。これは大日向村をもつて全国最初の例となるんだ。すばらしいぢやないか。八十九歳の老婆が全国に魁けて渡満するんだ。村の宝だね。この意気は全国の懦夫《だふ》をして起たしめるに足るね（二一章）。

『分村の前後』『新農村の建設』『分村計画の展開とその問題』などの報告書が指摘したように、経済更生委員など分村の建設に必要な一部の幹部の渡満は見られたものの、移住の中核となる全戸移住者は、他町村の出身者を含む中農・貧農層であった。

しかし、小説では、「母村再建、子村建設」という大目標のために、「行かなけやならない」貧農・小作人だけでなく、「行くべきだと思はれる」中農・小作農、「べつに行く必要もねえ」地主・中農など、「あらゆる階級」が渡満し、「資産的、頭脳的」「年齢的階層」のすべての点において、「母村と分村が均等の社会構造」となるような「分村移民」であることが強調されたのである。

「人柱」

村のあらゆる層を網羅し、村を真二つに割っての満州分村。この「画期的な新分村形態」を描く小説のなかで、和田が設定した舞台装置が、分村計画の「人柱」となった様々な「死」であった。小説には、三つの「死」をめぐる場面が設定された。

第一は、浅川の村長就任披露宴が開かれ、「今後の村再建の一着手」として「四本柱会議」が組織された夜、二人の村民が転落事故で命を落とす場面である（七章）。「油屋の杉山から閉め出しを喰つた」ため、朝は四時から起きて三里半の道を県境を越えて群馬に向かい、「晩は九時にならなきや帰れねえ」貧農の畠島金吾と水原藤太の二人が、「子供だつて墜ちるなどといふことはない」木橋から落ちたのである。「みんな子供の顔も見られやせん」。「呑まずに帰れやすかえ？」。「しらふで帰れやすかえ？　それでその呑み代に稼ぎはみんなとられちまふつてわけでやすよ」。

「村長、これも村の事件です。大日向村の事件として取上げるべき性質の問題だと私は思ひます。と、軍人分会副会長である産業組合主書記の小須田三次郎が、小粒に似合はぬよく透る声で叫び出した。賛成する声が同時に起つたのが、武麿の心には刃物のやうに突刺つて来た」。「大学出の会社員浅川武麿が、三十八歳の油の乗りきつた佐久の山男に一晩のうちに転身してしまつたのは実にその夜のことである」。

和田は、この転落死を単なる不幸な事故として描かなかった。浅川に大日向村の再建を決意させる出来事として描いたのである。

第二は、紡績工場で肺病を患い自宅で療養を続けていた女工の武井するゑが、自分のために渡満をためらう兄の浅吉や母のふくを思いやり、さらに第一次先遣隊として渡満する決意を固めていた恋人である西川義治の足手まといになることを恐れ、自ら命を断つ場面である（第一六章）。

このストーリーは、和田が大日向村を訪問した時、馬返で出会った五〇代の母親と一九くらいの娘との、一時間ほどの会談から「思ひついて創作」したものであるという。先遣隊として入植していた兄は、この時、家族招致のため帰村していた。大日向村で「最後の夜を過ごす」母と娘について和田は、次のように述べている。丸子の紡績工場（鐘紡丸子工場）につとめていた娘は「希望に燃えて生々とした黒目勝ちの眼を瞠《みは》つてゐたが」、母親は「故郷は去り難く、溜息ばかりついてゐた」（『アサヒグラフ』第三三巻第二一号、一九三九年一一月二二日)。

恋人として登場する義治の母のうめは、ふくとともに、油屋への借金から渡満に反対であった。しかし、すゑの自殺後、渡満を決意する。兄の浅吉も第一次先遣隊になる。すゑは、渡満をためらう村民のために、分村移民をスムーズに行うための「人柱」として描かれている。

すゑの死で注目すべきは、義治あての遺書の最後の一節である。「できることなら、わたしも骨になつて皆さんと御一緒に満州へ行きたいと思ひます。わたしも連れて行つて下さい。ここに埋《い》けられたくありません。ひとりではさびしくて、いやです。くるしいのです。では、さやうなら」。

一家を挙げての満州移住にとって、先祖祭祀も重要な課題であった。事実、第一次家族招致の描写のなかに、次の文章がある

武井ふくがほかの荷物は持たず晒木綿《さらし》の小さな風呂敷包を、これもしつかりと両手で抱きかゝへてゐる姿にも人々は涙をこぼさずにゐられなかつた。あはれなおすゑのそれが遺骨であることを知らぬ者はなかつたのである。遺言通り、すゑは満州の地

に埋まることになつたのであつた（二六章）。

第三は、満州から戻った堀川が行った満州視察の報告会で、七七歳の老婆クメが「同じ大陸から持つて来られた一塊の土くれを握りしめ一茎の穂をいつまでも掴んで」、「おらとこでも満州へ行かず」と渡満を決意する描写である。

三十五年前、日露役（日露戦争）の記憶を持つてゐる人々は、息を呑み、黙りかへつた。遼陽の激戦で、クメの長男はコサック騎兵のなかに突撃し壮烈な戦死をとげたのであつた。年とつた人人はその頃のことを一瞬のうちに思ひ出したのである（中略）。同じ満州だ、地つづきだとクメは言ひ出し、息子の眠ってゐる土地への思慕はいまは感傷ではなくなつてゐた（一六章）。

クメにとっての渡満は、日露戦争でお国の「人柱」となった息子と再会することであった。

和田が見た満州大日向村

小説の執筆に先立ち和田は、「有馬農相の激励を受け」、約一か月満州を視察し、満州大日向村にも足を運んだ。この時の「「土の作家」和田傳氏が現地からグラフのために報告」したルポルタージュは、『アサヒグラフ』第三一巻第二三号（一九三八年一二月七日）に「大陸に肥立つ新日本農村——満州大日向村より」と題して掲載された。

四家房駅に降り立ったところから始まるルポルタージュでは、「満州大日向村は四方の土塀も真新しく、くつきりと区画されて新興の冴え〳〵とした姿を私たちの前にあらはした。表門を入るとそこから真直に幅員十六米の大道路が伸び、家々はその両側に整然と並んでゐて見る眼にもさはやかである」という文章に続き、「四十八戸整然と建ち並んでゐる」第一部落、「垢ぬけのした家屋を並べてゐる」第二部落、九月一日に開校し七〇人が学ぶ大日向村尋常高等小学校、豊富な農作物、豊饒な土地など満州大日向村の様子が、村民へのインタビューを交えながら詳しく説明された。

あわせて、第七次四家房移民団本部前に立つ和田と堀川、満州大日向村の全景、七〇余人の全校生徒によるラジオ体操など一一枚の写真が掲載され、うち一枚は「「よくまあこの歳で……」と誰からも喫驚《きっきょう》される満州移住の最年長者小須田ハルさん」であった。

この時、ハルの家で名刺を求められた和田は、使い切ったといって出さなかった。すると家人は、懐から代議士や官吏など「えらい肩書の名刺」を百枚ほどとり出したという。「ゐたたまれぬ思ひ」で飛び出した和田は、「視察者の軽はずみな好奇心が、この信州の山の中の老婆を、とんだものにしてしまつたことを私は悲しく思った」と一一月二七日付『東京朝日新聞』に「満州だより」として記している。ただこの話はルポルタージュには書かれなかった。

ルポで注目すべきは「匪賊《ひぞく》」に関するもので、「匪賊の心配はありませんか」と訊ねると「いまはその心配はまつたくありません」と堀川さんは答え、しかし「三年ほど前までは向ふの山地にはつねに出没してゐたさうですよ」、「そんなことを考へるとうそのやうなはなし、いまは匪賊もぱつたり姿を消してしまつてゐるさうだ」と、「匪賊」とは無縁の「安全な村」が強調されている。

戦後、和田はこの満州視察の感想を、「大日向ではむらに入ってむらびとと膝を交えて話し合うこともできたのに」「ほかはみな残念ながら表面だけの視察旅行に終わり、得るところがなかった」と述べている（『和田傳　生涯と文学』）。

しかし、ルポルタージュをはじめこうした満州大日向村の視察報告は、『アサヒグラフ』

で「近く上梓されて農民文学の決定版たらんとする「大日向村」執筆の為の貴重な資料である」と紹介されながら、小説には直接反映されなかった。

この理由は、満州大日向村に関しては小説の「後編」として、後日出版する予定であったためと言われる。だが「後編」は結局実現しなかった（この時のルポルタージュは、一九三九年九月に金星堂より出版された和田『新選随筆感想叢書5　藁草履』に採録された）。

小説に描かれた満州大日向村

満州大日向村は、小説の終盤である二四章と二五章で描かれた。

二四章では、「満州国大日向村ノ位置並ニ耕地」と題する堀川清躬の書信を掲載し入植地の決定を伝えている。この書信は、『大日向村報』第七号（一九三八年二月一五日）に掲載された「堀川団長よりの入殖地確定の通信」の一部を転載したものである。小説では、「その日のうちに謄写に刷られ家々に配布」され「満州大日向村が忽然と人々の眼の前に描き出された」「雪に閉された人々は、早くも大陸の曠野に同じ名の子村の姿を描きはじめた」と記された。

しかし、『大日向村報』に掲載された「風土病」の項目は削除され、三月一五日発行の『大日向村報』第八号に掲載された「満州国大日向村建設経過」に関しては、「心配ノ情各所ニ認ム」という「注意」も含めその内容は一切紹介されなかった。入植地が現地の人びとが開拓し生活していた土地であることや人びとを強制退去させて入植することは、小説では書かれなかったのである。

かわりに小説では、この報告を受け小須田兵庫が「満州大日向村の村歌」を作詞したこと、当初入植する予定であった二月一一日に、大日向小学校で「建国祭の祝賀式」と「満州大日向村建村の祝賀」が開かれ、午後には全校児童が「手に〳〵小旗」をもって八つの集落を練り歩いたことが描かれ、次の文章で終わる。

南京陥落の時もその旗行列はした。そしてその時は出征兵の家々の前ではとくに万歳を三唱したのであつた。この日はそれとちがひ、三十八名の先遣渡満者の家々の前で、とくにその万歳は三唱されたのであつた。

しかし、こうした光景は実際にはなかった。午前一〇時から大日向小学校で紀元節拝賀式が行われただけである。また、「満州大日向村歌」が『大日向村報』で紹介されるのは第一四号（九月二〇日発行）であった。

一方、二五章では、先遣隊の堀川正三郎（役場書記）・武井浅吉・西川義治・秋山銀次郎（農会総代）と堀川清躬の五人が「劇務に疲れた夜々暗いランプの下」浅川宛に記した「新村の現況を報ずる書信」が、堀川のものを先頭に「リレー式」に掲載された。

村の形状は略《ほぼ》四角形で、南北四里、東西三里、面積十二方里といふ広大な地域を擁し、村の東方及び西方の山地を除けばその大部分は平坦地です。元村では大日向とは名ばかりで、茂来山の山蔭深く陰気なのに反し、ここの新村は平坦開潤、まことに大日向の村名に相応しいものと思ひます（堀川正三郎）。

現在わが大日向村の地域内には、満人三千人、鮮人千人、合計四千人の住民が二十二部落を形成してをりますので、団の余剰土地を小作せしめたり、農業経営の労力給源としたりするなど、村の建設上極めて有利なのでありますが、将来、これらの満鮮人の指導、並びに彼等との融和和合などの問題に就ては、私たちも深く研究してかからなければならないと思つてをります（西川義治）。

茂来山の山蔭の隘地にうごめいてゐる元村の人々が、私たちには、気の毒に思へて仕方ないほどで、満州へ来てよかつた、こんなにもすばらしい沃土が私たちを待つてゐたのだと、たゞ〳〵感謝するばかりであります（秋山銀次郎）。

五人の書信では、地形・土地・交通・生産力・産業・教育などの点における母村と分村の「雲泥の差」が具体的に指摘され、満州大日向村が「他の移住地に比してあまりにも恵まれ過ぎてゐる」ことが強調された。

和田の手により、かなり脚色されたと考えられる書信は、小説では、「一信ごとにただちに謄写されて家々に配布され」、「第一陣本隊の編成」に「予想外の強力な拍車になった」と書かれている。

しかし、第一次本隊の出発（四月一一日）前、『大日向村報』に掲載された「新村の現況を報じる書信」は、一本もなかった。

小説のなかの支那事変

人々は戦争のことばかりを口にし、満州のことを言はなくなつたのである。移民に最も適当な青壮年層から多数の応召者を送り出し、それは今後も益々つゞくことと予想され、人口の過剰は、いきなり緩和されることになつたのだ。はやくも働き手を失つた耕地は移動しはじめ、耕地のない者はそれに勇躍飛びついて行くといふ現象があらはれ出してゐた。そして、勇躍飛びついて行く時期が過ぎたらどうなるのであらうか。もしか耕地の方が余つてしまふやうなことになつたらどうなるのであらうか。そしたらどうなる？ はる〴〵満州へなぞは行き手がなくなるのではないか？ 藤三郎はそのことを考へてせつない思ひを深めるのであつた（二三章）。

この一節は、支那事変が分村計画に及ぼした影響を憂う、転落事故で死亡した水原藤太の息子藤三郎の心中を描写したものである。

支那事変による応召者の増加や軍需景気が分村計画にどのような「悪影響」をもたらすのか。こうした「憂い」に対する和田の対処法は、「国策」としての分村移民の強調であった。「母村再建と子村建設」という大目標に、「国策」という錦の御旗を被せたのである。母村のための分村移民から、国のための分村移民。「国策」としての分村移民が強調された。

和田は、藤三郎に、以下のように語らせる。

戦争とともに、満州への分村の事業もまた国策戦の一翼であるといふ判断を彼ははっきりとつけてゐたのである。南方のその戦線とともに、この北方の鍬耕《しゅうこう》戦の方も、国策の片棒をかつぐ戦争であることを彼は信じた。そして、人々のただまつしぐらに南の戦線にのみ向ふ関心を、北へもまた向けなければならぬと信じ、その実践のために死力をつくさねばならぬと思つた（中略）。

南も北もないのだ。それらがめいく片翼づつをなしてはじめて国策の両翼がはばたくことになるのだ（二三章）。

小説『大日向村』は、一九四一年四月、朝日新聞社から開拓文学叢書として普及版が発行された。この「普及版後記」において和田は、「小説大日向村」の意味を、次のように記している。

この小説で作者が描かうとした人々の心、滅私もつて母村再建のために起きあがつた人々の精神や行動の美しさ、壮烈さ、さういふものの意味は失はれてゐるとは作者は思はない。むしろ今日こそ、当時よりもはるかに切実に、その滅私協同の精神が絶対必須なものとされ、それこそが国民精神の根元であらねばならぬとされてゐるのではあるまいか（「普及版後記」）。

小説の執筆にあたり和田は、一九三八年一〇月の大日向村訪問、第二次家族招致隊と小諸駅までの同行、一一月の満州大日向村の訪問を体験し、かつ、一九三九年三月の第三次本隊送出の情報を得ていた。

しかし、小説は、『アサヒグラフ』が大きく報道した第一次家族招致で終わる。小説が、大日向村分村移民送出のクライマックスで終わるのは、以上のような和田の考えによるものと思われる。

小説『大日向村』は、発行後三か月で一〇刷を重ねるベストセラーとなった。この理由としては、「文部省推薦図書」に指定されたこと、朝日新聞社や劇団「前進座」による宣伝効果などが考えられる。そして、大日向村は、小説を原作に新劇の世界でも描かれていく。

新劇「大日向村」

大陸進出の偉業を劇化

一九三九（昭和一四）年一〇月、劇団「前進座」は小説『大日向村』を原作に新劇を作成し、大阪中座において秋季大公演「大日向村」を上演した。

前進座が、国策をテーマとした芸術的時局劇として新劇「大日向村」の上演を企画したのは、小説『大日向村』が発行されるひと月前の五月であった。前進座は、この理由を、前進座事務局が毎月発行する『月刊前進座』のなかで次のように記している。

この度、座が「大日向村」を企画するに当りましては、これらの点をよく批判して、この重大な、国策としての満州開拓の集団的移住、即ち所謂「大日向村型」といふ全国に誇る分村移住の先駆となつた歴史的壮挙の真実を、しつかり掴み出して、充分に研究、稽古を重ね、芸術的高さにまで磨き上げ、幾度見ても万人がその感銘に打たれるといふ、本格的な時局演劇の創造にまで行き着きたいと希望してゐる次第でありま

す（『月刊前進座』第七五号、一九三九年九月一〇日）。

文中にある「これらの点」とは、従来の時局劇が、満足な準備期間が与えられなかったため、時局の意義内容やそこに登場する人物の血の通った生き生きとした個性に関する認識があいまいで、「芸術的感銘」をもって大衆に訴える優れた芝居とはなっていなかったことを指す。

では、なぜ、前進座が新劇「大日向村」の公演にこだわるのか。それは、前進座が「歌舞伎界の分村」といわれたことと関係するものと思われる。

前進座は、歌舞伎界の門閥制度に反発した中村翫右衛門《かんえもん》、河原崎長十郎ら若手役者たちが、一九三一年五月に結成した劇団である。この年、創立八年目をむかえた前進座は、新橋演舞場（三月）・大阪中座（五月）における公演（「若き啄木」「勧進帳」「傳八《でんぱち》恋の引窓」）、新橋演舞場（六月）における公演「仮手本忠臣蔵」がいずれも「当り祝」がだされる「記録的好成績」をおさめ、東宝との提携映画『その前夜』の撮影など「創立以来の飛躍的発展」をとげていた。前進座にとって新劇「大日向村」の公演は、前進座の存在意義を再確認することでもあった。

こうした意識のもと、前進座は、「現下一日も等閑に附せない、国策の重大な一つ」である「大陸進出の偉業」を劇化することで「銃後報国に邁進」する。そして、秋季のトップを飾る一〇月大阪中座興行で、「利益を度外視して、国策に沿ふ時局新大衆劇」として、分村移民をテーマとした新劇「大日向村」を上演したのである（『月刊前進座』第七六号、一〇月一〇日）。

芸術的な時局劇

前進座は、新劇「大日向村」を「芸術的な時局劇」とするために、まず、拓務・農林・陸軍・文部・内務・厚生などの各省庁や満州拓殖公社・鮮満拓殖会社・農林更生協会・満州移住協会など「関係当事御名士を歴訪し、それぐ御賛同御援助を得、親しく御教示を仰いだ」という。

続いて、「出来るだけ完全なものとして上演」するため、新築地劇場の山川幸世《ゆきよ》が八月中旬に脱稿した脚本第一次稿を「諸名士」に送り、意見を伺った。

『月刊前進座』第七六号には、「大日向村上演への御意見」として、和田傳や浅川武麿をはじめ、代議士・政友会顧問牧野良三、陸軍大将・前拓務大臣の小磯国昭、満州拓殖公社東京支社長・橋本戌子郎、文部次官大村清一、東京日日新聞社主筆・阿部真之助ら一八人の意見が、二面にわたり掲載された。

意見は「大変面白く脚色されてゐるので舞台では又格別面白い事だらうと想像致して居ります」（浅川）、「徹頭徹尾、現下の日本に相応しい国策順応劇である点、大いに共鳴した」（大阪毎日新聞社主幹・平川清風）、「非常に面白く感激を以て一気に読了しました。文句のつけ処がありません」（満州拓殖委員会事務局・稲垣征夫）、「「国策」といふヴエールで窮屈になり勝ちな此種の芝居の観客を、最後まで惹きつけるのに充分」（東京朝日新聞社出版局営業部次長・清水政親）など比較的好意的なものが多かった。

一方で、「最後の場面に至つてやゝ蛇足の感を伴ひ、芸術的感銘を殺がれる嫌ひある」（大阪毎日新聞社学芸部・渡辺均）、「「大日向村」の縦断的分村の説明が少々不足してゐる」（大阪朝日新聞社計画部長・中村喜一郎）など脚本に対する注文や、「無暗と大袈裟な熱を出してみせたんでは、舞台が安つぽくなる。どこまでも救村への決心と、国策への熱意と、この二つのものゝ相触れる一線を中心に、この一点へ舞台全体の熱意を、自然に集めてゆくようにすることが大事」（牧野良三）、「国策移民の真義を所謂型にはまつた道義観や抽象観念論に堕さしめずしてピツタリ大衆に判る様語らしめたい」（農林省技師・西垣喜代次)、「農村の貧困さをもつと強烈に現はし而も今次事変を通じ大和民族の大陸発展の必要性を強調する様な仕組が考へられると変化に富むのではないか」(陸軍省軍務局・歩兵中佐永井八津次)といった、演出に対するそれぞれの立場や観点からの指摘もなされた。『月刊前進座』誌に掲載された「御意見」とはいえ、新劇「大日向村」に多大な期待が寄せられていたことがうかがえる。

前進座の大日向村訪問

前進座は、八月三日、堀川を演じる河原崎長十郎、浅川役の中村翫右衛門ら座員五〇人全員が、脚本の山川とともに大日向村を訪問した。

先乗り役として大日向村に向かった地主天川治之助役の坂東調右衛門は、小説『大日向村』を三分の一しか読んでいなかったため、小淵沢へ向かう夜行列車内で「何とか全読」し、予備知識を得たという。坂東は、浅川や畠山重正助役・坂本正男書記らとの打ち合わせや乗り物・弁当の手配など事前準備を行った。弁当の手配では、宿泊した旅館海瀬館から「時候が時候です。大丈夫な物を入れても危険です」と断られ、「正直にも程がある」という感想を、前進座全国後援会が発行する雑誌『前進座』に記している(『前進座』第一一号、一一月二二日)。

一行は、村役場で坂本書記から分村運動の経緯について説明を受け、村会議員の案内でするゑが自殺した場に設定された馬返橋まで足を運び、大日向小学校では児童生徒による「大日向村建設の歌」を聞いた。

その後、村役場で浅川から「村の経済状態、共倒れする以外になかつた事、移住の実行とその反対を押し切つた数々の思ひ出」など分村計画に関する苦心や「大日向村上演と発表された時、おどり上つて喜こんだ気持ち、現地見学と聞いて感激した気持ち」を聞いたという。村人の一人である貞助役を務めた市川岩五郎は、「浅川さんのお話を聞いてゐると、そんな表面的な感激丈けではなしに、心の底に、たまつた様な新たな重たい深い感激がわいて来る」と述べている(『月刊前進座』第七五号、九月一〇日)。その後も座員一人が、八月二七日と九月一四日の二回大日向村を訪問し、八月二七日には山川も同行した。

続いて、八月三〇日には前進座座員五〇余人が満蒙開拓青少年義勇軍内原訓練所を訪問、日輪兵舎をはじめとする各種施設を見学し、加藤完治所長から満蒙開拓や青少年義勇軍に関する話を聞き、「全員感激と敬意」をもって帰京した。

満州大日向村の訪問

さらに、長十郎と翫右衛門のふたりは、文学座・新築地劇場・東宝映画所属の俳優らによるラジオ小説「大日向村」が放送された翌日の九月五日、映画『その前夜』撮影の合間を利用して渡満し、満州大日向村を訪問した。新劇には満州や満州大日向村に関する幕場は設定されていないから、堀川に直接会ってしぐさや言葉遣いなどの指導を受けるための渡満と思われる。

二五人乗りダグラス機で羽田飛行場を発ったふたりは、福岡・京城・新京・吉林を経て、七日正午、満州大日向村へ入り、堀川団長や満州大日向小学校長となった中沢勇三などから話を聞いた。この時、堀川は「我々は日本人である。我々の住む国だから来た」「私は隣村へ働きに行く気持ちとちつとも変らない」「小説に出たり、芝居にされたりこりや仲々責任が重いから一所懸命にやらなきやなりません」「芝居は見られないから舞台写真を送つて下さい」と述べ、脚本の堀川のせりふを読みながら、方言や癖を、身振りを交え熱心に長十郎に教えたという（『月刊前進座』第七六号）。

七日夕、満州大日向村を後にしたふたりは、新京からの飛行機が欠航のため、陸路と海路で釜山・下関を経て予定より一日遅れの九日帰京した。

ふたりは、堀川の印象を「小説での印象の如く、非常に大まかな感じの人で、満州へ移住した事を、まるで隣村にでも移つたのと変りはないやうな態度で、分村大日向村の建設にすべてを集中してゐる熱心さにはうたれました」と、九月一五日付『東京朝日新聞』で述べている。

新劇「大日向村」

諸名士の意見を踏まえ脚本が改訂された新劇「大日向村」は、以下に示すような、四幕八場の構成となった。

第一幕　炭焼竈《かま》のある山腹……

貧農西川義治（二三歳）と貧農武井すゑ（一九歳）の会話から始まる。堀川清躬（五五歳・河原崎長十郎）と浅川武麿（三九歳・中村翫右衛門）に生活苦を訴える村人達。堀

【図 16　第 1 幕　さし絵『前進座秋季大公演　昭和 14 年 10 月興行　大日向村　中座』】

川から村の窮状を救う道を問われた浅川は、渡り鳥の群れを見ながら「海の向ふへ分村する」と答える。

第二幕　大日向村々役場……分村計画は「一大日向村の問題」ではなく「興亜日本の此の重大時局に対する国策である」、「村の貧乏な人達丈《だけ》でなく中農の方も生活の楽な地主の方達も一つになつてふるつて満州へ行つてもらいたい」と分村計画の重要性を語る浅川と、「利害関係」から分村計画に反対する天川治之助（村会議員・五〇歳）・浅川新八（武麿の亡父のはとこ・「村の元老」・六〇歳）・笹屋実助（六〇歳）ら地主達。

第三幕

第一場　するゑの家……天川や問屋の番頭の村野から頼まれ分村計画の切り崩しを図る貧農工藤三之助と「此の策謀」によって満州行きをやめようと思い立つ、するゑの母親ふく（五〇歳）と義治の母うめ（五〇歳）。

第二場　村の集会所……満州から持ち帰った物を示しながら満州視察の報告をする堀川。堀川の話を聞いて渡満を決意する村人達。

第三場　抜井川の碩……するゑの遺書を読む浅川と自分の非を悔いる三之助。

第四幕

第一場　村長浅川武麿の家……村人の前で分村計画の進行状態を話す浅川と、浅川に地主との「負債帳消しの談判が不成立」だったことを報告する堀川。

第二場　三之助の家……移民団出発の日。八九歳の母ハルとともに渡満する三之助。「分村の国家的重要性を覚り、満州へ移つて行く村人達の為に、よろこんで借金を棒引きにすると言ふことを申し出てくれた」地主達。

第三場　村の沿道……ラッパ隊を先頭にした移住者団。万歳の怒涛のなか、送る村人と送られる村人。

（『前進座秋季大公演　昭和十四年十月興行　大日向村　中座』）

新劇「大日向村」は、小説『大日向村』と同様に、一九三六年から一九三八年七月の家族送出までを描いている。

しかし、由井啓之進村長や油屋、二人の村人の転落死、先遣隊の出発、入植地の決定、また満州ロケを行ったにもかかわらず、満州大日向村に関するシーンは登場しない。

一方で、第四幕第二場では、当初分村計画に反対していた地主達が、分村計画に理解を示し、小作人の借金を棒引きしたことに対し、三之助が「地主さんも、かうなると偉いもんでやすいなア。一切借金を棒引きしてくれるなんて、今迄何処《どこ》の世界にもあつた例はねえだ。大日向村の地主さんは、神様づら」と述べるシーンが登場するという。

和田によると、「例の地主である油屋が私の作品が発表されてから、気がとがめたらしく借金をいくらか負けた事実があるのです。その為、大阪の公演の時は借金を全然棒引きにしたといふ筋」にしたという（一九三九年一二月一日付『東京朝日新聞』）。もっともこの変更に対し和田は、「これは何としても私としては我慢の出来ない事で、事実油屋が棒引きしない以上、飽くまで原作に従つて貰ふことにして貰ひました」と述べているから、新橋での公演では脚本が一部修正されたものと思われる。

すゑの遺書

新劇は、小説で詳しく描かれた分村計画の樹立に至るまでの経緯よりも、分村計画の実行過程で現れた様々な人間模様の描写に重点が置かれた脚色となっている。三時間に及ぶ公演のヤマ場は、すゑの遺書を読み上げる第三幕第三場と終幕の二か所である。

浅川・堀川とならぶ重要人物として第一幕冒頭から登場するすゑの遺書を読み上げるシ

【図17　第3幕第1場　さし絵】

ーンでは、小説にはない次のセリフが盛り込まれている。

堀川（涙を振ひ、どなる様に）みんな、よく見てやつてくれ！　おすゑはおら達満州行きの人柱に立つたんだぞ。むだ死にぢやねえぞ！　可哀そうに……貧乏な村に生れたばつかりに（中略）。
みんな！　ようつくおすゑの気持を考へてやつてくれ……おすゑはみんなが気を揃へて満州へ行つて貰ひてえばつかりに……心残りなう行つて貰ひていばつかりに……かうして死んだんだ……考へてやつてくれ……とつくりと考へて、おすゑを弔らつてやつてくれ……おら……おら……。（涙で物が言へない）。（中略）
浅川　みなさん！　堀川専務の言葉をよつく考へて下さい。私達このおすゑさんの尊い犠牲をむだにしてはならんと思ふ！　すゑちやんは死んだんぢアない！　皆さん！　すゑちやんは、皆さんを励ますために！　一足先に満州へ行つたんだ。さう思つてやつて下さい……。さ、みなさん、私達はこの清い、尊いこの犠牲を……このすゑちやんの魂を、これから満州へ……満州へ運んで行かう！　みんなで……すゑちやんをかついでやつて下さい……満州へ！　満州へかついでゆくんだ！

一方、終幕「村の沿道」は開拓農民の一群と見送りの村人の一幕で、「満州で百までいきやすか」（はる）、「すゑちやんもかうして連れて行きやす」（ふく）、「おら遼陽へ行くのを楽しみにしていきますだ！」（くめ）と、後述する堀川のセリフがはいる（「前進座上演脚本　大日向村」『前進座』第一一号）。

このように新劇「大日向村」は、浅川や堀川の分村計画に対する熱意と努力、すゑの死と遺書、三之助の改心、分村計画の「国家的重要性」を覚り、渡満する村人達のために「喜んで借金を棒引きする」ことを申し出る地主達などを各場に盛り込みながら、村当局と貧農・中農、地主達が一体となって、まさに「村を挙げて」の分村劇として描かれている。

大阪中座での公演

前進座大公演は、脚本の山川が演出を、「農村劇の音楽アレンヂを企画」した「楽壇の大家」山田耕筰が音楽を、小山一夫が舞台装置を担当するなど「斯界の最高のスタッフ」の協力により、農林省と拓務省の推薦、陸軍省情報部の後援で行われた。

上演時間は三時間で、鶴屋南北作『かさね与右衛門　色彩間苅豆』（木下川堤の場）と長谷川伸作『十五年目の女房』（二幕八場）とともに上演された。

公演に先立ち、九月二六日から大阪朝日会館で開拓移民への理解と興味を与えるための「開拓展覧会」が開かれ、二七日には満州移住協会理事下村宏（海南《かいなん》）・和田・長十郎らが参加し「大日向村上演記念　開拓農民の夕」が開催された。

観客に配布された『前進座秋季大公演　昭和十四年十月興行　大日向村　中座』には、配役と梗概《こうがい》（あらすじ）の他に、長十郎と翫右衛門の連名による「本劇の上演により、日本の人口問題とか、農村問題とか、日満一如であるとか、東亜の新建設であるとか、そうした観点にふれて貧しいながらも、なにか瞼《まぶた》の底に会得する事を得まして、こゝに之を上演して広く江湖の皆さまに御献賞を仰ぐ事となりましたのは、時局下の日本国民として誠に有りがたい次第に感激してゐます」という「口上」、「大日向村略図」と「満州大日向村建設の歌」が掲載された。

一〇月一日から二二日まで行われた大阪中座の特別大公演は、「二十二日間は全部売切れ、破格な超満員をつゞけて、またく「当り祝」の大成功が与へられた」大盛況であった（『月刊前進座』第七七号、一一月一〇日）。

とりわけ、するの遺書を読み上げるシーンでは、すすり泣きが聞こえ、幕が下りても多くの観客が動かなかったといわれる。

公演の評価

公演に対する反応は、国策劇・時局劇として称賛・評価するもの、称賛・評価しつつも脚本や演出の不備を指摘するもの、「失敗作」として批判するものに大別された。

国策劇・時局劇として称賛・評価するものは、当然のことながら満州移民政策関係者に多かった。満州移住協会理事長の大蔵公望《きんもち》は、『月刊前進座』第七七号に寄稿した「「大日向村」を視て」と題する文章で、「初めから終まで少しもだれる処が無くて、笑し味もあり泣き場もあり同情心も起れば感奮性も刺激され、国策的の意味が無くとも近来上演されたもの丶中で最上の芝居である」「我国の最大国策の一たる満州開拓民の重要性を此れにより一般民衆の中に感得せしむる非常な効果を上げ」「これこそ本当に日本一の芝居と云ふて差支へない」と称賛した。

また、大日向村の特集記事や大阪中座の公演写真が掲載された『新満州』第三巻第一二号（一二月一日）に「劇評　前進座の「大日向村」をみて」を寄稿した満州文学評論家の本間喜三治は、「「大日向村」は、今迄の新劇の水準を抜いてゐる」「日本の農村と農業の編成替が大きな課題となりつゝある今日、演劇「大日向村」の意義は大きい」「脚色がどうの、演出がどうの、演技がどうのと批評しても、それは劇評のための劇評」で「気にする必要はない」と述べている。

一方、新聞各紙の反応は、公演を称賛・評価しつつも、脚本や演出の不備を指摘するものが多かった。例えば、「「大日向村」佳し」との見出しを掲げた一〇月一二日付『大阪毎日新聞』は、「よき大衆劇」「健全な大衆劇」と一定の評価を下しながらも、するが分村計画に「あれほどの熱意を抱くに至つたのかの必然性、それが説明されてない」「地主や問屋ら資本家側の唐突な最後の妥協的態度もいさゝか御都合主義だ」と批判した。

また、公演を推薦した東京朝日新聞社常務取締役・石井光次郎も「全体して又良くまとまつた出来」と評価しながらも「幕切れが、あまりに華やかなせいか、あれで良いのだらうか、あまりにハッピーエンドに見えはしないか」と述べている（『月刊前進座』第七八号、一二月一〇日）。

これに対し、演劇関係者の評価は厳しかった。なかでも、演劇批評家の武智鉄二は、舞台上に氾濫するものは「嘘偽と煽情《せんじょう》との二つ」で「原作に於て重要な地位を占める移民事業遂行途上に於ける他の現実との矛盾争闘」が「正当なる計算を以て劇化」されなかったため、「煽情—移民への盲目的な慫慂《しょうよう》」に終始したことを、老婆くめの渡満・するゑの自殺・三之助の改心のエピソードを例に指摘し、「前進座が取上げた最初の国策劇「大日向村」は、全前進座レパートリー中の最悪のものである」と酷評した（武智「愚策「大日向村」」『第八劇評集』劇評刊行会、一九三九年一一月）。

東京新橋演舞場での公演

東京新橋演舞場での公演は、一一月二三日から一二月一七日まで行われた。演目は「大日向村」と「十五年目の女房」の二本であったが、「開演前既に切符の申込殺到し、前進座未曾有の前景気を見せる盛況」「連日売切れの大活況」で、「本年第六回目の当り祝を得て、画期的躍進の幕を下した」。農村更生協会理事長・石黒忠篤と満蒙開拓青少年義勇軍内原訓練所長・加藤完治もふたりそろって観劇したという（『月刊前進座』第七九号、一九四〇年二月一〇日）。

東京公演にあたり前進座は、大阪中座公演に寄せられた批判を「練磨し完璧を期した」というが、脚本や演出に大きな変化はみられない。

このため、東京公演に対する評価も様々であった。例えば、一二月二日付『東京朝日新聞』に掲載された「大日向評」（久保栄二郎）では、「現実の迫力　前進座の良心的努力を買ふ」「現在酷寒の曠野に汗を流してゐる村人たちのおもかげを偲んだ」と賞賛する一方で、「インテリ浅川武麿が農村更生の逞《たくま》しい指導者に成長するまでの内面の心理的推移が、芝居を観ただけでは十分に納得ゆかない」「娘おすゑのあまりにお芝居がかつた取扱ひ方、地主や問屋側が最後にとる妥協的態度の唐突さ」「移殖先の満州での生活が抽象的な掛声でしか示されず、具体的なイメージとして浮かばぬこと」「劇的構成が好都合に仕組まれ過ぎ」ていることなど、大阪中座公演で指摘された批判が再び指摘されている。

また、和田は、「あの分村には勿論村長、組合長の熱情が大きな力を持つてゐた事は事実ですが、やつぱり村民の中堅層にもなか〳〵しつかりした人物が居つたればこそ、あの至難の事業が遂行されたのです。これは非常に重大な事と思ふのですが、この点がもう少し描かれたら一層堂堂たる作品になつたのではないか」と、小説で強調した「あらゆる層を網羅した満州分村」という観点から感想を述べている（一二月一日付『東京朝日新聞』）。

ところで、新橋演舞場の公演で注目されることは、観客に配布された『前進座　昭和一四年一二月興行　配役と梗概　新橋演舞場』に、新たに満州移民関係機関・関係者の「挨拶文」と「満州開拓民国策の大要」と題する文章が掲載されたことと、また非売品である『大日向村　上演パンフレット』が作成されたことである。

『配役と梗概』に掲載された、満州移民関係機関・関係者の「挨拶文」とは、石黒忠篤、農林省経済更生部長・井出正孝、満州移住協会理事長・大蔵公望《きんもち》、加藤完治、陸軍大将前拓務大臣・小磯国昭、満州移住協会理事・下村宏ら二四人による、以下のような文章である。


満州移民の重大性に就ては、今更申上げる必要もない事であり、已に全国津々浦々から多数の農民が満州に出かけたのでありますが、殊に其中でも満州へ分村移民の第一歩を踏み出したる長野県大日向村については、さきに小説本の刊行あり、今又脚色されて前進座により上劇さるゝ事となりました（中略）。

私共は脚本の国策開拓農民の心境をうつせるを見、さらに座員の真摯なる精進の態度を喜び、こゝに広く江湖《こうこ》に披露し推薦するものであります。

「満洲開拓民国策の大要」は、「百万戸五百万人の大量開拓民政策」による集団移民や満蒙開拓青少年義勇軍など「開拓民国策」についての解説である。また、「さし絵」は大阪中座公演の写真となり、大日向村を特集した『新満州』第三巻第一二号の広告も掲載された。

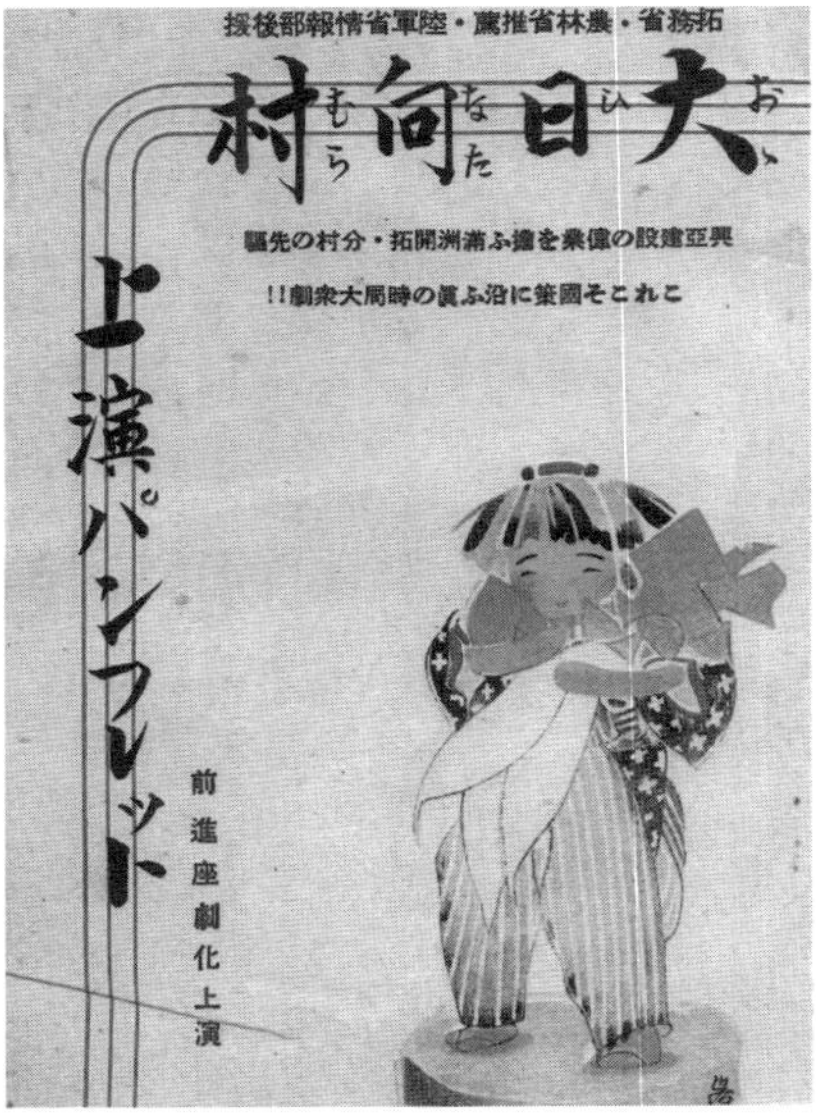

【図 18 『大日向村　上演パンフレット』】

一方、表紙に「拓務省・農林省推薦・陸軍省情報部後援」「興亜建設の偉業を担ふ満州開拓・分村の先駆」「これこそ国策に沿ふ真の時局大衆劇!!」と明記された『大日向村上演パンフレット』は、『配役と梗概』に掲載の「「大日向村」推薦の辞」、長十郎・翫右衛門連名による「「大日向村」上演に際して」の文のほか、「大日向村分村まで」「純真な童心に映じた移住地」「真の時局新大衆劇を（河原崎長十郎）」「満州大日向村断想（中村翫右衛門）」「「大日向村」の梗概」「「大日向村」の配役」「「大日向村」新聞劇評」で構成された全二六頁の冊子である（図18）。

「大日向村分村まで」の文は、「大日向村の全貌」「浅川村長、堀川清躬両氏の努力」「満州開拓農民」「満州への分村計画」「困難な分村への道」「遂に分村に成功」の六項目にわたり、大日向村の分村計画の樹立過程を詳しく解説したもので、「今日前進座の劇化上演が、全国民の、このかくれたる献身的国家的事業に対する、よき理解と厚き支援の一助となれば幸ひである」という文章で終わっている。

次の「純真な童心に映じた移住地」（『大日向分村計画の解説』に掲載）は、一九三八年七月の第一回家族招致で渡満した女子児童が母校大日向小学校へあてた手紙、長十郎の文章は『前進座』第一一号に掲載された大日向特集号の文章、新聞劇評は『月刊前進座』第七七号に掲載された『大阪朝日新聞』と『大阪毎日新聞』の劇評を再掲したものである。

満州移民関係者の観劇

新橋演舞場での公演で、大日向村や国策としての分村計画の意義を強調した『梗概と配役』や『上演パンフレット』が新たに作成され、配布されたのはなぜだったか。それは、東京公演を多くの満州移民関係者が観劇したからである。

『大日向村』上演が開拓農民を取扱つてゐると云ふ主題の特殊性は、観客面にも反映して、一般の好劇家に加へて、各国策関係筋は勿論、知名な方々を初め、嘗て演劇に接する機会の少かつた人々も競つて演舞場に殺到すると言ふ賑ひを現した。

加ふるに、本劇の内容から、地方の農村関係者の関心を刺戟し、東北、関東北部の開拓に志す農村指導者、係員及び農民の方々も伝へ聞いて「大日向村」を観劇し、実際の指導の材料に教訓に大に積極的に利用して戴くことが出来た（『前進座』第七九号、一九四〇年二月一〇日）。

そのなかの一人である満州拓殖公社総務課広報係の丸岡治は、「上演時間は三時間にもわたる大物、それにもかゝわらず、グン〳〵と観客を引摺《ひきず》つて、面白く、娯《たのし》ませる劇である。然も時局的な主題を鋭く観客に訴へるものを持つて居た」と評価したうえで、「数年前、あの陋習のかたまり「歌舞伎王国」から断然旗上げした前進座、彼等自体も亦「大日向村」と同様な「分村」の所産である」、「分村」の先駆者大日向村、「演劇」の先駆者前進座、此の二つの相結ばれたる集団が開拓事業の進展に尽した功績は決して少くない」と絶賛した（丸岡「大日向村と前進座」『偕拓』第四巻第三号、康徳七（一九四〇）年三月一日）。

公演には、分村計画を樹立し、先遣隊などを渡満させた分村移民関係者も招待されたようだ。これは、支那事変以後の戦時景気により、本隊や計画戸数の送出など分村計画の実行が停滞したことに対し、満州移民関係機関による〝てこ入れ〟が必要と考えられたためである。

満州更生協会は、大日向村と同じ長野県下伊那郡の泰阜・千代・上久堅三か村の分村計画の中心人物を公演に招待した。この三か村は、大日向村につぐ第八次分村計画を樹立し、先遣隊を送出しながら、本体の募集活動が停滞していた。

農村更生協会主事の早川孝太郎は、中心人物を公演に招待した理由は「この行詰りの打開にあつた。あの劇を見て貰つて分村精神の鼓吹を図らうなど考へたのでない。情勢の行詰りに日夜苦慮して居る人々に、せめて変つた話題の一つも提供するにあつた。少し精神衰弱になつた人々の心に、余裕を持つて頂くためであつた」と述べている（早川「分村運動と弱小農家」『農業と経済』第七巻第六号、一九四〇年六月）。

事実、新劇「大日向村」の第三場「村の沿道」は、次のようなシーンで終わる。

【図19　第4幕第3場　さし絵】

堀川　（花道の半ば近くまで進み、客席に向つて一同と、立ち止まり）元村の皆さん、お見送り有難うござりました。わし等は、これから満州へ行つて根限り働きます、満州の大日向村をうち建てます、そして満州の土となりやすから、どうぞ皆さんも達者で根限りやつて下さい。そして、わし等のあとにぞくぐついて来て、第三、第四の大日向村を建設して下さい。では行つて参ります。

（と客席にお辞儀をする）

・客席から万歳の声起る。その中に一同花道から、口々に、「行つて参りやす〱」と、お辞儀を客席に向つてしながら入りかける。

・満州大日向村建設の歌。

・舞台、見送人から万歳の声。それに答へて移民達の万歳。音楽。

―幕―

（万歳の声、音楽等は演出の際、適当に、より効果的なる按配を願ふ）（『前進座』第一一号）。

このシーンについて、翫右衛門は「一杯の感激に溢《あふれ》れ、観客は舞台に和して万歳を叫ぶ人、俺も一緒に行くぞと声援する人、舞台と観客席が完全に一つにとけあつて、いゝ気持で芝居をすることが出来た」と述べている（『月刊前進座』第七八号）。また、一二月二日付『東京朝日新聞』に掲載された「大日向村評」でも。「幕切れには割れるやうな拍手と声援の唸《う》めきとで、満場文字通り感激のるつぼと化した」「これを芝居として見ることは出来なかつた」と報じた。

だが、この拍手と声援は、渡満する分村の人々に向けられたもので、観客は元村の見送る側の人々であることに留意したい。観客にとって、大日向村も、分村計画も、「芝居」のなかの世界に過ぎなかった。

泰阜・千代・上久堅三か村の中心人物は、このシーンをどのような想いで見たのだろうか。

描かれた満州大日向村

満州へのまなざし

相次ぐ視察者

一九三九(昭和一四)年三月二四日、浅川村長・小金沢書記・坂本書記の引率により、第三次本隊七一団員が満州大日向村に向け出発した。一行は長野県庁で壮行会を受けたのち、家族班と単独班に分かれ、それぞれ敦賀港と新潟港を出発、家族班は三月三〇日、単独班は五月一日に満州大日向村に入植した。

一九三七年三月三〇日の満州分村決定から二年、一九三八年四月一一日の第一次本隊出発から約一年、三回にわたる本隊出発により、分村移住者の大規模な送出は終了した(『分村計画の展開とその問題』では、最後の分村移住は一九四〇年三月の一一団員)。

こうして分村移住者の送出が実質的に完了すると、メディアの関心は、大日向村や本隊の出発よりも建設が進む満州大日向村に集まり、現地への視察者が増加した。五月には、和歌山県分村町村長代表二〇人、駒沢大学教授・笠森伝蔵、六月には、財団法人富民協会、長野県臼田町・井出一太郎、満州拓殖公社総裁・坪上貞二、満州拓殖委員会事務局の稲垣征夫などが視察、満州大日向村では五〇人を収容できる宿泊施設を作ることにしたという（『佐久町誌　歴史編三　近・現代』）。

五月二四日に満州大日向村を視察した笠森は、「今次旅行の日程に従ひ、内地、朝鮮、満州、北支等」で見聞したことを『満州開拓農村』と題して、翌年一月に雄松堂書店から出版した。この中で、満州大日向村は、「未だ一年余りしか経たない村であるが、既に好成績を示し、実に急速に発展して居る」、「所属の土地は田、畑、湿地、山林を合せて総計約六千町歩に上り、実に広々したる一大地域」である、「最近まで満人及び鮮人の部落があつたが、適当な換地を与へて立退かしめた」、「水田はバラ播きであり、種々朝鮮人の営農方法を学び好成績を挙げて居る」と解説されている。

そして「開拓村に於ける指導振りも亦極めて優秀なるものあり、流石に此の人なる哉と云ふ感じを与へる」堀川と「団長を輔けての献身的努力も亦大いに多とすべき」弁事所主任である工藤邦一の重要性にも言及したのち、大日向村の分村計画を次のように総括した。

此の両人の外、団本部の人々も、一般の団員も、皆克《よ》く協力一致、努力奮闘を文字通りに実勢してゐるやうである。元来開拓移住の最も理想的の形態は分村移住であるから、此の大日向開拓村が、入植後日尚浅くして、しかも今日見るが如き好成績を挙げて居るのは、この村が最も合理的に分村計画を遂行し得たと言ふことに一大原因を有することは勿論と思ふ（『満州開拓農村』）。

このような満州大日向村の描写は、その後も続いた。

富民協会の満州開拓村視察旅行

笠森の視察の翌六月、財団法人富民協会が満州開拓村視察旅行を企画し、満州大日向村を訪問した。富民協会は、農民の生活を豊かにし、心身を強壮する「富民強身」を図ることで富国強兵の実を挙げるという目的のもと、大阪毎日新聞の元社長本山彦一の寄付により、一九二七年一〇月一日に設立された団体である。米穀の品種開発、近代的農法の普及をはじめ、経営を合理化し収益を挙げた農家（精農）や農事組合の指導、農業経営者を集めた農業夏期大学や各種の講演会・講習会の開催など、農業経営改善事業を行った（『財団法人富民協会十年史』）。

満州開拓村視察旅行は、支那事変により農村労働力が軍需産業に吸収され、満州移民という国策の進展が「鈍重化」している状況のなか、農林省・海外移住協会・大阪毎日新聞社・東京日日新聞社の後援で行われた。この際に開拓民送出地方の有力新聞社をメンバーとする満州国開拓農村視察新聞社記者団を組織し、開拓地を親しく視察し、その実情を新聞紙上に報道することで「満州開拓移民の認識強化に寄与せん」と企画されたのである。

視察旅行に参加した新聞社は、信濃毎日新聞社をはじめ、北は新岩手日報社・秋田魁新報社・福島民報社・福島民友新聞社から、南は中国新聞社・四国民報社・九州新聞社まで全部で二一社。うち一一人は社長兼主筆・主幹・支局長・編集長・政治部長・社会部長・理事などの肩書を持つ役職者であった。

一行は、六月五日に神戸港を出航、二四日に敦賀港に帰還するまでの二〇日間、満州大日向村をはじめ、弥栄村・千振村の開拓村を視察、視察記は各紙に掲載された。

満州大日向村の視察は、当初、日程第七日目にあたる六月一一日に予定されていた。実際には、列車事故により、翌一二日に変更された。一行は、吉林駅を午前六時一五分発の列車で出発し、午前一一時四一分に四家房駅に到着、先遣隊が入植した当時の本部での昼食後、堀川の案内で満州大日向村を視察した。滞在時間は午後五時までの約六時間、実際の取材に割くことが出来たのは三時間足らずであった。視察記は満州滞在中に各社に配信され、満州開拓村の実情が報道された。

満州大日向村の記事

富民協会は、「新聞記者眼に映じた、満州移民及びその政策批判に関する記録」として、各紙に掲載された記事の一部を集録した『開拓村を現地に見る—満州開拓農村視察記者団記録』を、一二月二五日付で発行した。

この九九頁に及ぶ記録誌で注目されることは、「溌剌《はつらつ》・大陸に再生」（『大阪毎日新聞』）、「分村の先駆大日向村の奇遇」（『新岩手日報』）、「大日向分村視察　想像以上の開発振に一驚」（『北陸毎日新聞』）、「率先分村実行の大日向村を訪ふ」（『静岡新報』）、「一鍬一犂にも歓喜　地理的条件に恵まれ　楽土の分村〝大日向村〟」（『東京日日新聞』信州版）などの見出しを掲げた満州大日向村の記事が多いことである。『東京日日新聞』に掲載された富民協会理事西村健吉による「赤字、行詰り貧村が溌剌、大陸に再生」という見出しを掲げた「満州開拓村を訪ふ」と題する記事（日付不詳）では、次のように報じられている。

先遣隊が一昨年七、八月に入つたといふのに村の形態は殆ど完成の域にあつた。四十戸乃至五十戸を一団とした三ケ部落が完成し一ケ部落が建設中であつた。三千五百町歩の田畑、二千五百町歩の山林、全く生気の躍動を覚えるのであつた。集団移民のように溌剌さを欠くにしても、老幼男女の靄然《あいぜん》たる和気は到底彼の遠く及ぶところではなかつた。堀川氏も「遠くに来てゐるとこの和が第一に貴いことです」といつたが正にその通りであつた（『東京日日新聞』）。

記事から、「内地にいた記者達が始めて訪れた現実の開拓村」、なかでも「分村計画の寵児」である満州大日向村が、記者達に強烈な印象を与えたことがうかがえる（「視察新聞記者団の見た満州大日向村―富民協会主催満州開拓農村視察から」）。

そんな中、岡山市の「合同新聞」記者佐藤茂久次は、視察旅行を終えて岡山の本社に戻ったところ、佐藤の記事を問題視した憲兵分隊に呼び出され取り調べを受け、始末書を書かされた。視察中の佐藤は、「一週間に一回ぐらい、匪賊の動きや開拓農村の実情を現地でルポルタージュ風の記事」にして本社に送ったという。この記事のいずれかを、憲兵分隊が問題視したのである。このことがきっかけで佐藤は一九四〇年六月に退社する（「『労働戦線』の創刊と編集事情（1）―松尾洋・佐藤茂久次氏に聞く」）。

では、佐藤は満州大日向村をどのように報じたのか。佐藤が執筆した「満州短信」の「大日向村」には、「堀川団長の案内で新生大日向村へ向つた。駅から約一里半の処に移民団本部がある。この間の道路がお話にならぬ位ゐ悪い」、「米は団長の話では長野県で用ひてゐたものより余程うまいとのことだが、岡山産の米を喰つてゐるものには正直のところ喰へない」、「各戸とも可なりの借金をなしてゐる」、「これだけの思ひつめた決意がなくては、今の大日向村の開拓者の生活は光を放たないのである」（十二日夜ハルビンにて）という記述がある。

憲兵分隊がこの記事を直接問題にしたのかどうかは定かではない。しかし、参加者には「所属各新聞紙を通じて、大陸開発の国策について、銃後国民の認識強化に努める」ことが要請されていた（六月二七日付『東京日日新聞』）。満州や満州開拓民をめぐる報道には、「満州開拓移民の認識強化に寄与せん」とすることが強く求められていたのである。佐藤の記事はこうした観点から問題視されたものと思われる。

「新しき村」

この『満州開拓農村視察記者団記録』と同時期の一二月一日に発行された満州移住協会

機関誌『新満州』第三巻第一二号は、満州大日向村を特集し、「分村の結実」「建設なつた満州大日向村」というタイトルを掲げた口絵写真五枚と堀川のコメントを掲載した。口絵写真には、「個人家屋も出来上つた。青畳に炬燵《こたつ》、床の間も立派に飾つて建設当時も思ひ出となつた。愛犬も家族に入れて楽しい我が家の団欒《だんらん》」「谷間の母村から廣野へ分けた第二の村は家屋の建設も成つて農耕も着々に進む。沃土の連りの中に生れた新しい村の素晴しい発展ぶり」「蔬菜もよく出来た。冬もこれだけあれば充分自給出来る。初冬の陽を浴びて大陸の花嫁たちは貯蔵の準備に忙しい」などのキャプションが添えられた。「団欒」「新しい村」「大陸の花嫁」などの言葉が並んでいる。

一方、堀川は、満州大日向村建設に対する想いを次のように述べた。

> 満州を見聞、話したり、考へるだけでは大陸の甘味も更生の喜びも得られません。「大陸に進出す可し」と良心に電光の如く感じたなら即時断の一字を以て決行なさい、国策として折紙付の事業です。何等善事なりや、悪事なりやと反省考慮の余地とて更に有りません、私は斯く信ずるのであります（中略）。
>
> 来て見て一春秋、初めて知る満州の沃地、年寄も中老も何故五年十年早く渡満せな

かつた、子供が励めるは無理ないと親馬鹿を披露に及んでゐるのであります。一日の遅れは一日に止まるとは限りません。一日の遅れ百年を誤る事多々あります。只断の一字によりて国策拓士に参加し得るのみが、農村更生銃後の戦士として其の責に対し、而も農本の沃土に無限の豊録を戴きて永住し得る処の大恩に浴する事が出来ます。私共分村、現在の明るく働き甲斐ある喜びを披歴して以て答へに換へ、何れ改めて現地の事共心に浮びたる点を御知らせして、御意に添ふ様補ひたいと思ひます（『新満州』第三巻第一二号）。

記事で注目されるのは、この堀川のコメントに対し「古き村より新しき村へ」というタイトルが付けられていることである。先遣隊の入植（一九三八年二月）から一年一〇か月、本隊の入植（七月）から一年四か月、満州大日向村は、母村大日向の「分村」ではなく、「新しき村」として認識されたことがわかる。

開拓文学

「新しき村」は、農民文学懇話会や、農民文学懇話会が設立された二か月後の一九三九年一月に伊藤整・荒木巍《たかし》・福田正夫・高見順ら文学者代表と拓務省の斡旋により発足した大陸開拓文芸懇話会に名を連ねる農民文学作家によっても描かれた。

この年の開拓文学を、『満州年鑑　二六〇〇』（満州日日新聞社）は、次のように総括した。

本年度の注目すべき現象は、むしろ満州の内よりも外にあつたといふべきであらう。即ち、外界から満州に向けられる視線が多角的となり、其の関心も愈々高まるにつれ、文化的動向に対する関心も急速度に高まり。これが日本作家の踵《くびす》を追うての来満（中略）視察ともなり、また現地文筆家の日本への報告寄稿活発といふ現象も生じた。十四年一月には、折から東京で結成せられた文芸興亜会並に大陸開拓文芸懇話会に対し満州文話会よりメッセージが送られて居り、作家来満毎に各地で懇談会、座談会等が催され、日満文学界の交流は大きな転機を摑《つか》んだ（『満州年鑑　二六〇〇』）。

このなかで来満した日本作家として、林房雄、横光利一、小林秀雄、和田傳、打木村治、徳永直、寺崎浩、久米正雄、島木健作、阿部知二、今日出海、眞船豊《まふねゆたか》、山田清三郎、大《お》佛次郎《さらぎ》、加藤武雄、細田民樹、小田嶽光（嶽夫）の名前が挙げられている。

島木健作『満州紀行』

その一人である島木健作は、和田に続いて一九三九年三月、農村文学懇話会から満州に派遣された。四月一七日には満州大日向村を訪問、警備や農事の指導員から話を聞いた。そして、約一〇〇日間に及ぶ満州見聞録を、翌年四月に『満州紀行』として創元社から出版した。

島木が描いた満州大日向村のなかで注目されるのは、次の文章である。

鉄道の線に近く、交通に便であること、入植ただちに一戸当り一町歩余りの水田既耕地を持つといふこと、この二つはこの団に恵まれた条件であらう。このあたりの自然が日本内地を思はせるものがあるといふことと相まつて、開拓事業の当局者が、最初の分村計画の成功のためにした心づかひのほども察知される。しかし日本人入植以前に、それだけの水田があつたといふことは、少なからぬ鮮人農民がゐたことを意味する。彼等と、さうして今開拓民が住んでいる満人農家のもとの住民たちは？

「今年は、鮮人、満人二百五十戸ほどが立ち退きました。以前の村長（満人）は今団に雇はれ、団と在来民との交渉の間に立つてゐます」。立ち退いたものは、どのやうにしてどこへ行つたのであるか？　ここの人々からはそれについてほとんど聞くことはできない（『満州紀行』）。

『合同新聞』における佐藤の記事と通じる記述である。島木は「入植二年目の、それも交通の最も便利な地方に入つた開拓団の、団としての生活の姿がデテールにおいては多くの不明を残したまま」であることを素直に記述したのである。

しかし、島木のようなまなざしで満州・満州移民・「開拓村」を描いたものは少なかった。島木の批判は、そうした満州開拓地に関する書物にも向けられた。

今日世間に流布してゐる満州開拓地に関する書物は、大部分が糊とハサミ的といつていひすぎでない。開拓事業の沿革、その重要性、移住地の気候風土と農業の実際（これも多くは理学的、自然的条件の説明のみで、営農の実際についての具体的説明にはじつに乏しい）、それから移住の手続や、指導機関について解説といふことで全巻が終つてゐる。通り一ぺんのもので、大抵その前にあらはれた、ある本を模してゐる。その著者自身の見聞も、研究も思想もないのである。いはんやその行間から著者の熱い息吹がきけるなどといふものではない。さうして、沿革や重要性については説くこと甚だ詳密なものも、現段階のこととなると、ほとんどなきに等しいのである。開拓政策の重要性などを、紋切型の表現で、いかに力んで書いてみたところで、腹から納得させることも、鼓舞させることもできるものではない。今日の段階における、具体的な事実の進行についての批判的な考察のなかにこそ、読者は必要をも精神をも読みとり、感じとるのだといふことを著者らは思はぬのであらうか？（『満州紀行』）

開拓文学もまた、島木が批判するような「通り一ぺん」の記述を繰り返した。『満州新聞』記者望月百合子『大陸に生きる』（大和書店、一九四一年）、松井秀子『大陸奉仕隊』（興亜保育協会、一九四一年）などが出版されたが、島木と同じようなまなざしで満州開拓を描くものではなかった。「五次にわたる試験移民のあとを受け、第一期の五か年計画途上にあった開拓（移民）問題の、啓蒙的な役割を担う」ことに終始したのである（「「満州国」における文学の種々相―ある伝説の時代」）。

映画『大日向村』

映画化

満州へのまなざしは、映画界でも現れた。映画「大日向村」が製作されたのである。「大日向村」の製作は、前進座特別大公演上映中の一九三九（昭和一四）年一二月、東宝映画が映画化を前進座に提案したことに始まる。公演が好評だったこと、前進座初の現代劇映画で東宝との提携映画である『我等の友』の製作が四月に中止となっていたこと、前進座にも映画化を希望する意見が寄せられ、前進座も東宝と提携した「大作」を考えていたことなどが理由であった。

東宝は映画を東京発声映画製作所と前進座の三社提携作品とし、一九四〇年一月のひと月で製作する計画をたてた。一二月一二日に原作者の和田傳から映画化の許諾を得、翌一三日には内田吐夢《とむ》監督の「土」を手がけた八木隆一郎に脚色を依頼し、二七日までに第一次稿が完成する予定であった。

しかし、映画化を知った満州開拓関係の各省・各団体から、「全面的援助の意向」と

「大作品」すなわち国策映画としての映画化という希望が伝えられる。
一二三日、満州移住協会の主催で、満州移住協会理事長・大蔵公望、理事・下村宏（海南）、農林省経済更生部、拓務省、陸軍省軍務局、情報部、文部省、満州国大使館、満鉄支社、満州拓殖公社など関係各省庁二〇人と、東京発声、和田傳、八木隆一郎、演出者（監督）豊田四郎、撮影者小原譲治、東宝映画代表、前進座代表・河原崎長十郎、中村翫右衛門など製作者側十数名が出席し、「大日向村」映画化委員会が開かれた。三時間にわたる「熱烈討議」の結果、一月中の完成は延期し、各方面の応援を得て「大作品」として製作することが決定された。

映画「大日向村」は、分村移民をより広く宣伝したいという関係各省庁と第一回三社提携作品として成功させたい製作者側との利害の一致により、国策映画として製作されることになった。しかし、大日向村にとって、小説・新劇に続いての映画化は歓迎すべきものではなかったようで、「映画になる大日向村」を伝えた一九四〇年一月七日付『信濃毎日新聞』では、「余り宣伝紹介され過ぎた大日向村当局は当惑顔であると」と報じられている。

一二月二五日、八木は大日向村を訪問。映画は一年の四季を通じたものとし、豊田が監督する映画『小島の春』との関係から、撮影は一月・二月・七月・八月の四か月とすることが決定した。二九日に帰京した八木は直ちにシナリオ執筆に着手し、翌年一月二八日、シナリオ第一次稿が完成した。

シナリオの構想

シナリオの執筆にあたり八木は、国策の「宣伝映画的傾向は極力避けて、芸術作品」とする、小説や公演には現れない「大満州の姿を効果的に挿入し、スケールを雄大」にするという考えのもと、以下のようなストーリーを構想した。

①新村長が村に現れ、堀川が村の概況を知らせるシーンを導入部とする。炭焼窯で働く義治、村の中堅青年や訓導を描き、義治とするゑの恋愛を挿入する。

②村長就任披露の日に起きた村民の事故死を、導入部の一つのヤマとする。初めて満州開拓移民問題が浮上する四本柱会議とそれに対する村民の反応も取り入れる。

③堀川の満州視察では、「大満州と猫額《ねこびたい》（猫の額のように狭い）の故村とを対比的」に示し「堀川の驚きは観客の共感を起させる」。堀川渡満中の分村計画反対派の策動は、劇的構成上、ある種のサスペンスをかける。ただし堀川と浅川を英雄的存在にするこ

とは避ける。

⑤堀川の満州視察報告では、遼陽の土、農産物の提示、「父兄の血の浸みた満州の土の上に立て！」を強調する。

⑥すゑの死と「義治を廻《めぐ》る劇的葛藤」。

⑦村役場での分村をめぐる討議、御牧ケ原修練農場での義治の修練。

⑧支那事変の影響（戦死者、「その遺族は大陸へ！」）と借金問題。

⑨雨中の先遣隊の出発。第一回移住の際の実情を転用する。

⑩満州における先遣隊（開拓民一般の姿）と故村の姿（開拓民の募集の苦心）

⑪家族出発（空は晴れ、全村を挙げて感激に溢れ一行を見送る）。

⑫満州大日向村の現況。

（八木「『大日向村』のシナリオについて」『前進座』第一二号、一九四〇年四月一日）。

一方、映画化にあたり前進座は、関係者に映画化についてのアンケートを実施した。『前進座』第一二号には、「最後の場、堀川から「信州大日向村万歳、タケちゃんしつかりと頼む」を云はせること」と希望した石黒忠篤（農村更生協会理事長）をはじめ、「映画の前後に満州の実写を取り入れ、現状を適当に認識せしむる事」（陸軍省軍務局・丸岡茂雄）、「満州事変前の逼迫《ひっぱく》した我が国内の情勢、開拓民を送つて緩和せざれば救はれざる農村の事情、一般的には民族発展の道を塞がれた絶望状態を前巻に現すこと」（陸軍省情報部・鈴木庫三）といった、意見が掲載された。また、八木も、大日向村映画委員会・映画批評家・前進座公演会と数回会合をもち、シナリオに対する意見をうかがったという。

シナリオの作成段階で関係者から様々の意見を聴取した背景には、一九三九年四月五日に公布され、一〇月一日に施行された映画法の存在があった。映画法は、国民文化の進展に資するため映画の質的向上と映画事業の健全な発展を図ることを目的としたもので、映画の製作・配給者の許可制、撮影開始一〇日前の脚本提出と事前検閲、完成フィルム内務省検閲、文化映画・啓発映画の強制上映などが規定されていた。

大日向村ロケ

一九四〇年二月七日、シナリオ第二次稿が完成。前進座での「本読み」を経て、一二日、ロケ班が大日向村に出発、一六日から第一回大日向村現地ロケが始まった。

配役は、橋から転落死した西川金吾（映画では、畠島金吾でなく西川金吾）の妻で、義治の母うめ役を文学座の杉村春子が新たにつとめ、前進座公演で工藤三之助の母ハル役であった東宝の藤間房子が特別出演で井川くめ役を演じた以外は、公演と同じであった。

大日向村での現地ロケは、冬の場面を撮影した第一回（二月一六日〜一八日）を皮切りに五回行われた。第二回ロケが終了したのち、前進座の舞台公演と豊田の映画『小島の春』のため、大日向村現地ロケは一時中断された。出演者一同が参加して六月三〇日から始まった第三回ロケは、七月二日「天候不良の為、空しく帰京」。七月八日から一五日まで行われた第四回ロケは、撮影日数の関係から「雨天なるもプロローグ・シーンを雨中にて強行撮影」し、八月一日から八日の第五回ロケで終了した（「昭和十五年度大作・問題作の政策記録　大日向村」『映画旬報』第一号、一九四一年一月一日）。

延べ二二日にわたり行われた大日向村ロケでは、前村長の由井啓之進が村を廻るプロローグ、諏訪神社での万歳、先遣隊の見送り、列車内、山林での会話、開拓民出発などのシーンが撮影され、村民もエキストラとして出演した。

開拓民出発のシーンでは、各家に日の丸が掲揚され、養蚕の時期にも関わらず、「各戸に一人づゝ、義務的に参加しなければ、と言ふ意気込み」で千人以上の村民が参加した。ラッパ鼓隊に合わせて歌う「満州大日向村建設の歌」は全村に響き渡り、「さながら、出発当時そのままの光景を呈してゐた」。「あまり見たことのない連中が盛に《さかん》「万歳」を叫び乍ら行進」する姿を目にした老人達のなかには、「何日の間に分村計画が立てられたのか、寝耳に水だと云ふ顔付き」で、「今度の分村は、トテモ賑やかな事だが、一体全体この大日向村と云ふのは、何処の大日向村だらうと、キヨトン」としていたという（『月刊前進座』第八四号、七月一〇日）。

【図 20　抜井川の橋のセット　前進座提供】

このシーンについて長十郎は、「殊に年寄の方は、昭和十二年のその頃を思ひ出したのか、歓びと悲しみの混つた複雑な涙さへ出してゐると言ふ劇的なものさへありました」と述べている（河原崎「「原作」の故郷へ行く―大日向村の撮影」『東宝映画』第五巻第三号、一九四〇年九月一日）。

セット撮影は、東京発声のスタジオで二一日間行われ、うめ・ふく・藤太・浅川・堀川の家、油屋、村役場、産業組合、小学校など一四のセットが造られた。抜井川の橋は「スタジオの全部をぶつこぬいて、本物の橋をスケッチの通りに作つた」という。すゑ役を演じた京町みち代は、セット撮影の思い出を、「真夏のしめ切つたセットの中はうだるようにあつく」、「テスト〱とくり返してゐる中にポウツとして気が遠くなりそう」と述べている（京町「撮影余談」『前進座』第一四号、一二月一〇日）。

【図 21　満州ロケ　前進座提供】

満州ロケ

満州でのロケは、河原崎長十郎（前進座代表）が渡満し、八月一九日から二七日にかけて行われた。一四日に東京を出発し、一八日にハルビンへ到着した長十郎は、先乗りした演出の村田武雄と撮影の吉田勝亮《かつあき》とともに、「豊田監督の意向など細かい点」を打ち合わせたうえで撮影に臨んだという。

一九、二〇日は、ハルビン郊外の満州国立開拓指導員大訓練所において、開拓団の協力を得て、「スレッシャー」(脱穀機)の「スピードに目を瞠《みは》る」シーンとトラクターの「ダイナミツクな活躍」など満州農業の機械化の状態を撮影した。トラクターが掘り起こした黒い土の一塊をつかんだ時の気持ちを長十郎は、「信州の大日向村のロケーションの際のことを連想し、現実の堀川団長が、如何に渡満した全神経をこの土に集注したかと言ふ農民の気持ちが私の胸をうちました」と述べている(長十郎「満州ロケの旅」『エスエス』第五巻第五号、一〇月一日)。

二一日は、ハルビン北東の浜江省一面坡《いちめんぱ》《イミイエンポォ》から二五㎞の元宝鎮《げんぽうちん》《イエンバオジェン》にある大分県の分村開拓で、堀川が開拓団の建設状態を調査するシーンを撮影し、「日満両農民が協力して壁を塗り、屋根を葺く共同作業、開拓民の家庭生活のカツト」をカメラに収めた。雨天が続いたため元宝鎮には五日間滞在した後、ハルビン、新京、大連を経て、九月三日帰京した。

満州ロケの模様は、「ロケーションに生々しい現地色を織り出すため一面坡を距る二十五キロの奥地まで出掛け、開拓地を背景に「大日向村」の場面を鋭くカメラに収め、帰途、一面坡からハルビンに到る列車の中に於ても車中撮影を行ひ、満州の雰囲気を盛るために約旬日に亘る異常な苦心を払ひ大半の撮影を終へた」と康徳七(昭和一五)年九月一日付『満州新聞』でも報じられた。

文部省推薦映画

映画『大日向村』は、九月二三日にプリント（映像が焼き込まれたフィルム）が完成し、一〇月一六日、映画法第一四条により内務省警保局の検閲を受けた。検閲に際し東宝は、「内容ガ公益増員ニ資スルモノニシテ教育、教材、学術、記録、時事、宣伝等ヲ目的トシテ製作セラレ公益上必要アリ」に該当する作品として検閲手数料免除を申請し、認められたという（『昭和戦時期の日本映画』）。

検閲の結果、映画の種類は「日・現・社・正」、すなわち、「日本製作の現代劇」で、「社会物」の「正劇」（悲劇・正劇・喜劇・笑劇の四つの分類にもとづくもので、劇の主人公が破滅「悲劇」に終わらないものとされた。「巻数」は一〇巻（一巻は上映時間にして一〇分程度）であるから、上映時間は約一〇〇分であった（「査閲フィルムの部」『映画検閲時報』第一〇号、一九四〇年）。

あわせて映画『大日向村』は、一九四〇年度の文部省推薦映画に認定された。文部省推薦映画とは、優良映画の選奨制度（映画法第一〇条）にもとづき文部省が「国民文化ノ向上ニ資スル」優秀映画を文部省推薦映画として認定し、制作者に賞金を授与することに法的根拠を与えたものである。演劇映画音楽等改善委員会が映画公開前に審査した結果、映画『大日向村』は以下の理由により文部省推薦映画に認定された。

本映画は長野県佐久郡の一寒村で行はれた分村移民の実話を劇的に描いたものである。此の実話を通して描かれやうとする主題は、我が国の農業政策並に拓殖政策上極めて重大な意味を持つもので、此の様な主題を映画化することは従来の日本映画の敢て企て得なかつたところであるにも拘らず、之を敢てして然かも相当の成功を納め得た演出者の功績大なるものがある（『昭和十六年度版　日本映画年鑑』、大同社、一九四一年七月）。

映画『大日向村』は、国策である分村移民に関する初めての映画で、「国策遂行ノ基礎タル事項」を「啓発宣伝」（映画法第一四条）したことにより推薦されたことがわかる。ちなみにこの年の文部省推薦映画は、日本映画四一種、外国映画六種。推薦映画のなかで特に優秀な映画には賞金が交付されたが（映画法施行規則第一六条）、映画『大日向村』は賞金交付の選からは漏れている。

映画『大日向村』

一〇月三〇日に封切りされた映画『大日向村』は、山の傾斜面と乏しい耕地、山村に立ち上る炭焼きの煙、抜井川の映像をバックに、村の概要と経済状況が字幕で説明されることから始まる。

映画が描く時期は、由井啓之進村長による村税の取り立てから本隊の送出まで、原作である小説『大日向村』と同じであるが、いくつかの点で小説とは異なる演出がなされた。

まず、経済更生委員会による分村計画の樹立と誓約書の作成、入植地の決定とその概要、小説で重視された支那事変が分村計画に与えた影響に関するセリフや映像は一切登場しなかった。

また、油屋に象徴される分村移民反対派は、浅川・堀川・村民ら分村移民推進派との対立構図のなか、国

【図 22　映画「大日向村」広告『アサヒグラフ』第 35 巻第 18 号】

【図 23】 映画「大日向村」一シーン 東宝映画提供】

策の遂行に対する抵抗勢力であることがより強調された。

さらに、小説で油屋の意向をうけ分村移民の切り崩しを画策する貧農工藤三之助が、映画では多額の借金のため渡満できない貧農とされるなど、村民はあらゆる層が一体となって分村移民を推進するものとして描かれた。このため、満州分村を決断せざるを得なかった大日向村の経済状況や村民の具体的な姿を映像という方法で描くことよりも、浅川や堀川の行動、水原藤太と西川金吾の事故死、すゑの自殺など分村計画をめぐる人間模様を演技として描くことを小説より重視した演出となった感が強い。

ところで、映画ではいくつかのシーンがカットされた。①村のよく見える斜面で、浅川が

「開拓することによつて満州を確保するといふことは、日本にとつてどんな大きな意義を持つか」と堀川に語るシーン、②村民が堀川に渡満の不安を語るシーン、③堀川が満州から送った絵葉書を見た村民が喜ぶシーン、④油屋の奥座敷で「こんどの計画は全国から注目されてゐるやうだからな、をかしなことをして貰ひたくねえな」と語る地主達を浅川が説得するシーン、⑤藤太と金吾が転落死した橋で「油屋！　線香ぐれえ、あげに来やがれ」と金吾の妻うめ（杉村春子）が絶叫するシーン、⑥堀川の妻が石塔をなでながら「おらもこゝにいれてもらうつもりでゐやした」と語るシーン、⑦本隊が乗車した列車と沿道のシーンで、先遣隊を迎えるシーンが先遣隊を見送るシーンに、すゑの遺書を読み上げる場所がふく（すゑの母）の家から抜井川の橋にそれぞれ変更された。

いくつかのシーンがカットされた理由は、映画法施行規則第四三条により一回の興行時間が劇映画、短編記録映画である文化映画・啓発映画とあわせ三時間（一九四一年一月一日からは二時間半）に制限されたことをうけ、映画『大日向村』の上映時間が短縮されたことによる。

映画のなかの満州

満州の「沃土」は、二度にわたりスクリーンに映し出された。
最初は、堀川の満州視察のシーンである。

列車　大陸を驀進《ばくしん》する列車、車輪のとどろき。

列車の中　堀川が満員の乗客の一人として、地図を膝の上に拡げたまゝ、窓外の風物に見とれてゐる。

沃野　一望千里の大沃野につつ立つて茫然と見とれてゐる堀川。この壮大な展望にダブつて、堀川の脳裡には狭隘《きょうあい》な故村の姿が浮んでゐる。その故村の連想をゴウ然とぶち壊してトラクターが彼方に進んでゆく。それの偉力で耕される土、土。彼はその一塊を手に取り、揉みくだき、にほひを嗅ぎしてゐたが、やがて持参の袋の中へ詰め込む。

ある訓練所　訓練実況は適宜に挿入。参観の堀川に向つて指導員の一人が言ふ。「先遣隊はまづかうして約一ケ年、鍬の戦士としての訓練を受けてから、入植地に向ふのです」。

ある入植地　建築中の家屋。その作業に従事してゐるのはいづれも若い先遣隊員である。堀川はこゝでもそこの団長から説明される。「先遣隊は開墾と同時にかうして自力で家屋を建造してから、いよいよ故郷の家族を呼び迎へるわけです」。

ある開拓村

一家を挙げて労働してゐる姿と各種収穫物。小学校へ通ふ子供たちと、放牧の緬羊《めんよう》と豚の流れ。病院の待合室で満人の女に縫物を教へてゐる開拓民の妻。——等々で、開拓民の姿と文化施設の一端を適当に点出する。そのいづれをも堀川はおどろきを以つて熱心に観察しノートしてゐる

(「シナリオ　大日向村」『映画之友』第一八巻第九号、一九四〇年一月)。

「シナリオ」にはこのように記されているが、映像ではナレーションはなく、「狭隘な故村の姿」や「病院の待合室で満人の女に縫物を教へている開拓民の姿」のシーンも登場しない。「シナリオ」とほぼ同じセリフが二回(ただし「約一ケ年」のセリフは映画では「一ケ月」に変わっている)あるだけで、母村大日向とは比較にならない生産力豊かな満州の沃土と、活気に満ちた開拓団・開拓村が映し出される。

二回目は、弥栄・千振・瑞穂の各開拓移民村で現地訓練を受ける先遣隊の様子である。

「シナリオ」にはなく、満州ロケをふまえ、映画製作の段階で挿入されたと考えられるこのシーンでは、トラクターで満州の沃土を耕す先遣隊、開拓村の建物を背景に、「僕たちはもう入植地の決定を待つばかりだ。それが決まれば僕たちは、まず僕たちの手で家を造り、それから皆さんをお迎えに母村大日向村へ帰るのを楽しみにしています」というナレーションが入る。

一方、「シナリオ」では、最後に「大陸を走る列車　驀進、また驀進。ダブッて、ゆく手は満州大沃野である。その広大な風景の真只中にダブつて進みゆくは民族の大行進である」という一項があるが、映像には登場しない。

映像に登場する二つの満州のシーンには、列車の中の満員の乗客を除き、満州の人びとは一切登場しない。理想的な満州分村を建設するために、広大な沃土を耕す満州分村移民である日本人の活き活きとした姿のみが映し出されたのである。

映画の評価

待望の『大日向村』の封切日は旬日に迫つて来ました。（中略）十月号の各映画雑誌も競つて中秋を飾る優秀作品として頁をこれにさいて居ります。所謂時局映画として、これこそがその本流を行くものとして、又前進座初の現代劇映画であり、本年度下半期の映画界の注目は『大日向村』にのみ集中されてゐると申しても過言ではありますまい（『月刊前進座』第八六号、一〇月一〇日）。

このような前進座の期待を裏付けるように、『前進座』第一四号には、「劇化の場合よりも数段の成功」（映画監督・佐々元十）、「村の無理解な人々を、満州の移民として連行する苦心が本当にうまく表現されて居りました」（中央公論編集長・佐藤観次郎）、「堂々たる映画である。曰く国民大衆に推奨したい」（国民精神総動員本部事業部長・小松東三郎）、「映画「大日向村」を観て感じたことは終始一貫熱と迫力をもつ良心作であると云ふ事である」（満州国大使館・浅川長門）といった好意的な批評が寄せられた。

しかし、映画『大日向村』の評価は、「良心的美事な作品であったが、期待程受けなかった」とする『昭和十六年度　日本映画年鑑』の「興行評」に代表されるように低いものであった。

なかでも映画関係者による評価は、「最も記録的な方法に進んできた（監督の）豊田四郎が、最も非記録的な前進座と結びあつて、くひちがひが生れないはずがない」（田中武「作品評　大日向村」『日本映画』第五巻第一一号、一九四〇年一一月）、「前進座を使用した農民映画「大日向村」は演出も、演技も農民の生活に入りきれずに失敗した」（友田純一郎「日本映画決算」『映画評論』第一巻第二号、一九四一年二月）と厳しく、その「最大の原因」は「脚色者と俳優の選択を誤ったこと」（北川冬彦「豊田四郎」『映画評論』第一巻第二号）とされた。八木のシナリオ、豊田の演出、前進座の演技が良くなかったというのである。

だが、映画評を注意深く読むと、映画が失敗した本当の理由は、シナリオ・演出・演技でなく、映画の検閲制度にあることを、慎重に言及していることがわかる。「経済的な部分、人間の弱点なぞは可成《なるべ》く避ける可しといふ検閲の方針では、古きものと新しきものゝ対照をねらふこの映画のやうな場合に、円満な表現を完遂出来るものではない」（友田「試写室より　大日向村」『キネマ旬報』第七三〇号、一九四〇年一〇月一一日）、「内地における最近の人的資源不足と、かゝる大陸移住とは、現在どのやうな観点から処理されてゐるのであらうか。私はこの映画を見ながら、それが気にかゝつてならなかつた」（滋野辰彦「日本映画批評　大日向村」『キネマ旬報』第七三三号、一一月一一日）。

映画法施行規則第二六条四項で、「国策遂行ノ基礎タル事項ニ関スル啓発宣伝上支障ノ虞アルモノ」は、検閲で不合格と規定されていた。「検閲を慮《おもんぱか》つたためか、兎角この映画は身振りが多くなり、上滑りになつて、結局拓務省の宣伝映画染みた甘さに堕した」のである（津村秀夫「「大日向村」について」『映画と鑑賞』、創元社、一九四一年）。

こうした評価は新聞でも繰り返された。

二人が愚昧なる農民を率ゐ、村民が次第に目覚める力と情熱のプロセスが描き切れぬ。堀川が視察に行つて大陸に驚嘆する部分のみ、満州ロケが快調のテムポで描出されるが、先遣部隊の満州における訓練生活が現れないのは何より物足らぬし、先遣部隊の帰村後の描写が大切なのにも拘らず、そこでも上擦つてゐる。

しかし最大の不満は、地主達が、七万円の貸金をどう処分したかに在る。映画は決して数学的解決を必要とせぬが、地主と小作人と指導者と、この三ツの間の人間的解決と協力こそは今の日本に最も必要な倫理的テーマであつた筈である。この程度の曖昧さでは指導者や若い農民達が「涼しい顔」で満州へ行つたとしか受取れない。農民の出発を見送る地主達の胸に湧く言語に絶したある感動も描出されねばならない」

（一九四〇年一二月二四日付『東京朝日新聞』）。

国策である満州分村を大日向村民の人間ドラマとして描くことで、小説以上に国策を「啓発宣伝」する役目を担わされた映画『大日向村』。しかし、観衆の受け止め方は様々であった。

映画の影響

満州開拓民政策に対する映画「大日向村」の影響は、「映画で満州移民を賛美する気運は加速され、急速に高まって、全国各地の農村から開拓団が送り出された」「映画の公開以降急速に満州移民の志望者が増えているという事実によって、宣伝効果がかなりはっきりと確められる」（『日本映画史』第二巻）、「世評が高い」（『日本映画発達史』Ⅲ）というものから、「大都市部の映画館での興行は不振であった」（『戦時下の日本映画』）、「戦争映画が、下手なつくり方をするとすぐ、軽薄な扇動性や宣伝臭があるとして批判されやすかったのに、大陸への民間人の進出を激励する映画は、映画的にずいぶん野暮ったい出来でも、逆にむしろ、誠実な努力作と評される傾向があった」（『講座日本映画』第四巻）など、現在でも様々である。

そうしたなか注目されるのは、長野県企画課と農村更生協会の主催で、一九四一年三月一一日、南佐久郡野沢町（現佐久市）で行われた東宝文化映画部普及課による第四四回「移動映写会」である。

当日予定された映画は、漫画『狐狸の逢引』、東宝文化映画『春の呼び声』、拓務省映画『伸び行く開拓団』と『大日向村』の四本で、映写時間は二時間であった。移動映写会の会場は、当初予定された松竹映画の特約館である中込座が東宝映画の上演を拒否したため、急きょ、野沢尋常高等小学校に変更されたという。皇居がある方角に向かい深々と礼をする宮城遙拝《きゅうじょうようはい》や、戦没者への黙祷や平賀村村長の挨拶で始まった映写会では、最初に『大日向村』が上演された。

何せこゝは「大日向村」と三里を距てゝない所なので、観衆の誰れでもが既にお馴染のあの山、あの川、あの橋なのである。そして方言もそのまゝに受け容れられる。恐らく彼等は自分達の土地が、自分達の親族がそこに描かれて行くやうな最も身近かな緊迫感に襲はれたのであらう。六十の婆さんまでが画面に喰ひ込んでゆくやうな恐ろしいまでの真剣さが、一番背後で傍観してゐた僕にひしひしと感じられた。遠く満州へ移住する彼等の夢が、憧憬が、そして不安な気持ちが映画の持つ現実感に触れて一応こゝに解決の鍵を与へられたであらうか、兎もあれ感激の約一時間二十分であつたことに間違ひはない。嵐の様な絶賛の拍手で映画が終わつた（池田照勝「長野県野沢町随行」『映画旬報』第一一号、四月二一日）。

移動映写会に集まった約一四〇〇人の町村民は、中込・野沢・臼田を中心とした三町七か村に散在する商工業者と農業者の家族であった。この時期、戦時統制経済によって転業を余儀なくされた中小商工業者を満州移民として送り出すことが構想され、中込・野沢・臼田町の商工業者と平賀・内山・桜井・前山・岸野・大澤の六か村の農民で三〇〇戸規模の満州分郷である佐久郷（第一〇次歓喜嶺佐久郷）の計画が実行され、二月には先遣隊六〇人が送出されていた（『佐久郷』）。

映画「大日向村」が上演された背景には、佐久郷の建設を促進するねらいがあったことがうかがえる。

映写会の終了後の九時三〇分から、満州移住協会・長野県庁拓務課・満蒙開拓遊説部・

東宝文化映画部が参加して行われた座談会で、平賀村長は、「我々が日頃の百の説法よりも、今晩の映画は有意義でごわした」「我々は開拓団の獲得を今後も協力して何処までも続けてゆく決心でごわす」と述べたという（『長野県野沢町随行』）。

ところで、映画は、「油屋」のモデルとされる合資会社与志本が栄村東町（現佐久穂町）に建設した常設演芸館「栄キネマ」でも上演された。「栄キネマ」周辺の小学校では、年に一、二回、教員が引率して児童生徒が映画鑑賞するのが恒例になっていた。大日向小学校の児童生徒も映画を鑑賞したという（『佐久町誌　歴史編三　近・現代』）。大日向の子どもたちは、自らの村で撮影された国策映画をどのようなまなざしで観たのだろうか。

満州国での上映

一方、満州において映画『大日向村』はどのように受け止められたのか。この時期、満州における日本映画の上演は、日本人の増加と比例するように年々増加し、満州で上演された映画の六〇％を日本映画が占めた。

しかし、こうした日本映画のなかには、「複合民族国家」である「満州国」の国情に適さないものや、大東亜共栄圏確立のうえで悪影響を及ぼすような映画が少なくなかった。

そこで、満州国国務院総務庁広報処は、日本映画のなかで、①「日本の国力に疑念を抱かせる虞《おそれ》のある映画」、②「民族協和を阻害する虞のある映画」、および「その他」に該当する映画については、その上映を禁止した。

広報処が上映を禁止した①の「日本の国力に疑念を抱かせる虞のある映画」とは、銃後国民の勤めや国民の生活面を紹介・宣伝する映画のなかで、物資の窮乏、国民生活の高度切迫など、国力の徹底的消耗を連想・誤解させるような映画である。また、②の「民族協和を阻害する虞のある映画」とは、来満する日本人を、「生活の失敗者、犯罪の逃避者、前科者」など「大概日本を食ひ詰めた者」として描き、「指導的地位に在る在満日本人の、素質が誤解され、信頼の念を希薄にする」映画、また、「日本の満州開拓の真義意を誤解させ、満州人をして日本人に対し、恐怖心や嫌悪の情を起こさせる」ような「開拓映画」とされた。その他の映画は、低調浮薄な時局便乗的な「キワモノ」映画や日本人以外には何の感興も与えない「独善映画」である（木津安五「映画の特殊指導取締に就て」『宣撫月報』第五三号、一九四一年六月）。

広報処が、日本映画のなかでの満州移民の描かれ方に、特に強い関心を抱いていたことがうかがえる。

一九四〇（康徳七）年、満州において、複合民族国家的見地から満系映画館での上映が禁止された映画は、「空のアメリカ、一巻」「日の丸綴方、三巻」「明朗日本、五巻」「小島の春、一〇巻」などあわせて一一本（六二巻）を数えた。

「小島の春」は、医者として「国立癩《らい》療養所」に勤務した小川正子の著書『小島の春』を原作としたもので、「癩患者の同情すべき生活と救癩事業に対する一般に関心と理解とを喚起するに適当であるばかりでなく、其の芸術的価値に於ても最近の日本映画中出色」との理由で「文部省推薦映画」になった映画である（『昭和十六年度版　日本映画年鑑』）。

上映が禁止されたこうした映画のなかに、映画「大日向村」も含まれた。渡満者が「日本を食ひ詰めた者」とみなされることを憂慮したのか、映画が「日本の満州開拓の真義意を誤解させる」とみなされたのか、その具体的な理由は明らかでない。

一九四一年、満州国の映画館は一五〇館、うち日系映画館は七六館、満系映画館は七四館を数えた。満州国では、「「満人」を対象とする満系映画館」で、映画「大日向村」の上映が禁止されたのである（満州開拓団映画「大日向村」を通してみた満州国の表現空間）。

豊田四郎の回想

以上のような評価を受けた映画「大日向村」に対し、翫右衛門や監督の豊田はどのような想いを抱いていたのだろか。

一九四〇年一二月二四日付『東京朝日新聞』で「現代人に扮《ふん》すると流石《さすが》の翫右衛門（村長）も河童が陸へ上つたようである」と酷評された翫右衛門は、「前進座のはじめての現代もののこの映画は、成功しなかった」。「戦時下の日本農村がかかえている大きな矛盾をつくという意図は失敗した」と、後年記している（『劇団五十年』）。

また、映画の上演当時、「「大日向村」の場合に必要なのは、あの満州の地へもどんどん移つて行くだけの決心、覚悟を国民に喚び起させることぢやないか」、「先づ移らうとする気持、決心だけを取上るべきだと思つた」（「問題作と作家を語る　演出家ばかりの座談会」『日本映画』第六巻第一号、一九四一年一月一日）と座談会で語った豊田も、戦後、次のような本音を述べている。

ああ、『大日向村』ね、これは大変なやり損いです。やはり自分には合わなかった題材――と言ってしまえば簡単なのですが、つまり、自分と時代の食いちがいがはっきり判りながら、それを無理に合せようとしている、そのあがきが失敗の根本なのです。私、実は、自分にとつては、この村の移民計画が挫折してひっくりかえった話なら、まだやりいいのじゃないかと、撮っているさい中に考えている始末なんです。勿《もち》論《ろん》私、こういう移民の成功を祈ってはおりましたし、国策を信頼いたしておりましたし、また満州が結局あんなことになるとは、それこそもう夢にも考えられませんし、つまり本心から撮っていたにはちがいないのですが、撮りながら、その本心の半分で、この人達は実はだまされて連れて行かれるのじゃないか、無理に捨てたくない故郷を捨てるのじゃないか、と、そういう疑いがどうしても消えないのですね。不愉快でございました。もう二度と私、ああいう作品だけは撮りません」（豊田「自作を語る」『キネマ旬報』第一二三号、一九六五年七月一日）。

描かれる母村と分村

その後の信州大日向村

母村の経済更生

新劇と映画を通して分村計画が華々しく宣伝され、満州大日向村への視察者が相次いでメディアのみならず、開拓文学でも満州大日向村（分村）が描かれるなか、母村はどのように報じられていたのだろうか。

この点に関して注目したいのは、一九三九（昭和一四）年秋、雑誌『大陸』を発行する改造社で行われた「建設に邁進する大日向村」と題する座談会である。和田・浅川・長十郎・翫右衛門と、協和会の久保田豊、満州大使館理事官の小曾根盛彦、満州大使館の甘利栄治の七人による座談会では、「恵まれた現地」「半島人は水利がうまい」「五族手を握つて」「現地の娯楽」「視察漫談」など、満州大日向村の建設状況に関する話に時間が費やされた。『満州開拓農村』や『満州開拓農村視察記者団記録』で描かれたような、「好成績を示し、急速度に発展」している理想的な満州分村の建設状況に話題が集中した。

このような座談会で、浅川村長は次のように述べた。

残念に思つてゐるのは、大体色々の階層から万べんなく行つて貰ふつもりでゐたのが、結局小作農以下の人が多かつたことです。そのため一戸当りの田畑も思つたより分村の結果増へないのですが、さつきの山林の方は三年目の今年は目に見えて肥えたのです（中略）。私たちとして、今後は現地をできるだけ立派にしていただきたいと思ふのと同時に、後も模範的にし度《たい》ことなのです（「拓土に栄光あれ―建設に邁進する大日向村を語る作家・劇壇人・当事者の懇談会」『大陸』第二二一号、一九三九年一二月）。

分村だけでなく、母村も「模範的」な村にしたい。浅川にとって、分村の発展もさることながら、母村の経済更生の行く末こそ大きな課題であったことがわかる。

分村移民の中心が炭焼きで生計を立てていた「小作農以下」の村民であったことは、母村に残る村民の田畑が予想よりも増加しないという事態を招く一方で、濫伐からは逃れた山を計画的に払い下げ、薪炭から用材本位の山にすることを可能にした。当時の「移民者全部計画通りに出ても四ケ月分乃至五ケ月分の食糧が不足」する状況下で、養蚕と山林という「現金収入の増加」を図らなければ、「元村の更生は、仲々容易な業ではない」と考える浅川にとって、山林からの現金収入は母村の経済更生に追い風となった（『大日向分村計画の解説』）。

にもかかわらず、なにゆえに母村の経済更生が気になっていたのか。この点に関し浅川は、雑誌『新満州』の記者に、「本来ならば分村の仕事と元村の更生とを平行してやる事が理想的」であるが、予定の送出戸数を速やかに送ることに「体を縛られて、元村自体の更生策に就いては是から研究し具体案を作るといふのが、村の今の実情である」と語った。「未だ、三十戸や四十戸の農家を満州に送つてもよい」と考える浅川は、これまで母村の経済更生よりも分村の完成の方を重視してきた。そのために、母村の経済更生が遅れたことを気にしていたのである。

第二の大日向村

しかし、母村の経済更生が遅れた最大の理由は別にあった。それは、東京帝国大学の神谷慶治が危惧し、『分村の前後』でも指摘されていたように、「事変始つて以来」「この山にも、非常時局の波が押寄せ」、「山村の大日向村にも新鉱山が二つ生れ、眠つていた大日向鉱山が拡張」されたことであった。

こうした状況を、大日向村を訪問した『新満州』記者は次のように報告している。

此処で働いてゐる村の人は卅人余りで皆山稼ぎをしてゐた人達と鉱婦に雇はれてゐる廿人余りの乙女達である。後の大半は他村から流れて来て、山元の長屋に一日五十銭の飯代で寄宿してゐる。此の人達が村にどんな影響を与へるかは残された問題である。鉱山の当事者も慎重に考へてゐる事が現はれてゐないでもなかつた。飯場を食堂と言ひ、見張所を希望閣と称して、そこで毎日始業終業にみんなで国旗を上降して礼拝している様だつた。宿舎の長屋はそれ〴〵朝日寮、紫雲寮、双葉寮、銀河寮などと凡そ鉱山の気荒な連中のゐる処には一寸不似合な名前が付けられてあつた。

そして、その寮は殆ど満州へ移住して空家になつてゐたものを買取つて、この山奥へ運んだものであつた。家の主は満州に大日向村を作り、空家は抜井川に逆登つて無人だつた曲谷に一部落を作つたのである。この部落を中心に清冽《せいれつ》な大日峡《だいにちきょう》を天下に紹介して第二の大日向村を作るのだと鉱山の人は意気込んでゐた。

「分村」である満州大日向村の建設が順調に進む一方で、母村のなかに、他村から流れて来た人びとによって、「新たな分村」―「第二の大日向村」―が誕生していたのである。「新たな分村」は、無人だった曲谷に形成され、家主が満州に移住した空家が移築されて長屋となり、朝日寮・紫雲寮・双葉寮・銀河寮など「不似合」な名前が付けられた。また、抜井川に「栂の橋」「紅葉の橋」が架けられ、宮の淵・家族岩・大日滝・夫婦滝・萩島などの「もつともらしい名前」をつけた「自然の渓流には全く不釣合」の名所が造られた。さらに、「大日《だいにち》鉱山の乙女」「大日の滝」「乙女滝」など鉱山と渓流を紹介した「名所絵葉書」まで売り出されたのである（本誌記者「更生する長野県大日向村―分村の跡をたづねて」『新満州』第三巻第一二号、一九三九年一二月一日）。

母村のなかに「新たな分村」が誕生するなか、母村の経済更生をどのように進めるか。浅川のこうした悩みは、一九四〇年六月一三日、東京帝国大学で行われた「大日向村の分村」と題する講演でも吐露された。講演後「残つた貴方の方は……？」と問われた浅川は「大変です、大体優秀な者が満州の方へ渡りましたから……」と答えている（六月一七日付『帝国大学新聞』第八一六号）。

その後の母村

以後、母村に関する報道は、経済更生の進捗状況を報じるものが主流となっていく。一九四〇年一二月一日付で写真・カメラ関係の出版社アルスから発行された『写真雑誌カメラ』第二一巻第一二号（新体制運動にともなう雑誌統廃合により最終号）では、「其後の信州「大日向村」」と題する特集記事が組まれた。

大日向村の訪問に際し取材班は、①大日向村カメラ紀行として旅行者の立場から、②「立上る大日向村」として意識的に更生する村の積極面を採り上げる、③分村後の内地母村が現在どんな風にあるかを客観的・批判的に取り上げるという三つの構成法を計画した。そして実際に村を歩いた結果、②にポイントを置き取材したという。ここから、村の経済更生がしだいに軌道に乗りつつあったことがうかがえる。

五頁に及ぶ口絵で一六枚の写真が掲載された。写真には、「道路が修理される、橋がかけ換へられる、家屋も修理されて―今や村は日一日とその面目を改め、銃後更生村の意気に燃上つてゐる」「満州大日向村分村の皆さん御安心下さい―内地母村の人達はこんなに元気な顔をして働いて居ります。若い者達は勿論のこと、老人も子供も再生の意気に燃え、「大日向村」の名誉にかけて……と必死の頑張りを続けて居ます」というキャプションが付けられた。

また、「銃後農村の記録　信州・大日向村撮影紀行」と題するルポルタージュでは、七、八か月の食糧自給が可能になったこと、桑園を整理し陸稲や麦などの雑穀を栽培し食糧の不足分を補っていること、一戸当たりの薪炭原木が増えたことなど「村の経済の合理化」が報告された。

【図24　1940年12月7日付『東京朝日新聞』】

「日本国中の眼が内地大日向村にも集中」するなか、「満州分村と並行して、見事所期の目的に邁進してく、村民一体」の姿が報じられたのである。

だが、浅川村長が気にしていた大日鉱山や鉱山景気、第二の大日向村に関する記事は掲載されなかった。こうした報道は、その後も続く。鉱山景気や鉱山稼ぎによる人口増加と労働力不足という「誤算」のなか、あくまでも農耕地の開拓と炭焼き・用材用の山林経営により、母村の経済更生を図る「其の後の信州大日向村」が報道されたのである（図24）。

紙芝居「大日向村」

行き詰まる分村計画

最初の満州分村から四年目にあたる一九四〇（昭和一五）年度、分村計画は大きな転換期を迎えていた。

戦時下日本の状態は、軍需方面に相当多量の人を要求せらるため、人的資源の培養所でもあり、且過剰人口の収容所でもあつた農村は、一躍この方面に少なからず人を送り出したので、最近に於ては逆に労力不足をさへかこつに到つた。かてゝ加へて、農産物価の値上り、農業労賃の高騰は、すべての農村民をして、現実的満足感に陶酔せしめ、為に今迄の啓蒙的運動に依つては、開拓民応募者を得るに非常な困難を要し、またその困難を敢てしても予定数を得ることは全く不可能の有様にまで陥つたのである（小林平「開拓運動と分村計画の必然性」『開拓』第五巻第六号、一九四一年六月）。

この満州移住協会関係者の言葉を裏づけるように、例年なら五月から七月までに先遣隊の送出が行われていたにもかかわらず、一二月末日までに先遣隊を送出した開拓団は二五集団に過ぎず、うち二〇人以上を送出した開拓団は七集団に止まり、何とか年度末までに三九集団を送出する状況であった。

また、大日向村が分村計画を実行した翌一九三八年に編成された四〇集団のうち、分村計画や編成計画が終了した開拓団は数団に過ぎなかった。「景気がよいから満州などに耳を藉すものはないと言ふのが村当局の弁であり、映画に講演に旧倍の努力を続けても動かぬ有様」であったのだ（「開拓運動と分村計画の必然性」）。

教育紙芝居

こうした状況のなか、紙芝居「大日向村」が製作される。一九四一年七月二三日、日本教育紙芝居協会が製作した紙芝居「大日向村」（原作・和田傳）が、日本教育画劇株式会社から発行されたのである。脚本は堀尾勉（青史）、絵画は西正世志《にしまさよし》、編纂者は佐木秋夫、発行者は相馬正男であった。

日本教育紙芝居協会は、教育紙芝居の普及と発達を図りながら「文化国策ニ積極的参加ヲ為ス」（規約第三条）ことをめざして、一九三七年四月に結成された日本教育紙芝居連盟を引き継いで、一九三八年七月に設立された団体である。紙芝居の普及と教育現場での活用を目的に、紙芝居の系統的な製作と配給、紙芝居についての研究と調査、講習会の実施、作品の貸し出しや出張実演、機関誌『教育紙芝居』の発行などの事業を行った。協会の誕生を機に、「教育紙芝居」という名称が普及し、貸元が商業を目的に行う従来の「街頭紙芝居」とは異なるジャンルとして定義された。

日本教育紙芝居協会は、その後、陸軍や厚生省をはじめとする各省や大政翼賛会から依頼を受け、国策宣伝のための紙芝居制作を精力的に行うようになる。こうして教育紙芝居は、協会の各地域支部や官庁などの公的機関が教育紙芝居を買い上げることで、常会などを通じて銃後後援・生活改善・防諜防犯といった国民教化の教材として注目され、国策紙芝居として全国に広まった（「戦時下における紙芝居文化」）。

一方、日本教育画劇は、こうした状況のなかで、朝日新聞社が出資して一九四〇年九月に設立した株式会社である。日本教育紙芝居協会が製作した紙芝居の出版と配給事業を一手に引き受け、新聞販売網を駆使して、紙芝居を地域の小学校や各種団体、町内会・常会まで売りこんだ（『紙芝居文化史』）。

紙芝居「大日向村」の情報が初めて『教育紙芝居』に掲載されるのは、一九四一年三月一日に発行された第四巻第三号の「近刊紹介」欄で、「小説「大日向村」を脚色したもの、映画演劇に伍し、堂々と紙芝居独自の境地を拓く野心作」として紹介された。続く第六号（六月一日）の「新作紹介」では、次のような紹介文が掲載された。


和田傳原作「大日向村」！　全篇真摯な迫力に充ちた大作、大日向村を紙芝居化するに当つて、脚色者は絵に就て次のやうに言つて居る。

主人公は大日向村である。村の雰囲気を出す事に画家の主力を置くこと。

登場人物は「生活」を背後に感じさせるものでなければならぬ。

絵は説明によつて観衆が、それぞれの部分をピツクアツプしてゆくやうに。

その他、従来の作品の画面より、何か新しい方面を開拓させるための研究が必要である……。

而して三十四枚のこの作は、協会として、非常な抱負を以て世に問ふ野心作として、発表の暁には、諸賢の真剣なるご検討をお願ひしたいと思ふ。

「紙芝居独自の境地を描く野心作」は七月五日に完成する。日本教育紙芝居協会が定めた、国策・落語・教材・教化教材・特作・一般・写真の七つの種別のなかで「一般」とされ、「和田傳原作「大日向村」全篇真摯な迫力に充ちた大作、協会が抱負を以て世に問ふ野心作」と紹介された（「作品目録」『教育紙芝居』第四巻第七号、七月一日）。

【図 25 紙芝居「大日向村」表紙】

紙芝居「大日向村」

図25は、紙芝居「大日向村」の表紙である。表紙には、次のような説明があった。

長野県　南佐久郡　大日向村は、
群馬県境　十石峠から発する　抜井川の渓流に沿うた
細長い峡間の底の村である。

東西二里二十四町の間に、八つの部落をならべ、
夜の明けるにおそく、日の没するに　はやく、
昔から　俗に　半日村とさへ呼ばれてゐる、
大日向村とは名ばかりの　暗い日陰の村である。
村の総戸数四百六戸、農家戸数三百三十六戸に対して
耕地田畑二百六十五町八反、一戸あたり六反一畝といふ、
驚くべき数字が出てくる。しかも土地は痩せ、寒さのために一毛作しか出来ない。
従つて村民の殆どはこの乏しい耕地を補ふために、蚕を飼ひ、山へ入り炭を焼く、
しかもその山さへ、次ぎ〳〵と　裸かになつてきたのである。
この物語は支那事変勃発前
即ち、昭和十二年のはじめ頃より始まる……

表紙に続く三四枚は、以下のような場面構成であった。
第一面　～第七面　　村税の督促に歩く由井村長、油屋への借金、辞表を書く村長
第八面　～第一三面　浅川とするゑの帰郷、浅川の村長就任、満州分村の決定

第一四面～第一五面　堀川の満州視察
第一六面～第二二面　満州分村に積極的な若者、油屋への気兼ねから躊躇《ちゅうちょ》する老人、
油屋の反対、特別助成村の決定
第二三面～第二五面　堀川の満州視察報告、老婆くめの決意、油屋の説得
第二七面～第三〇面　すゑの苦悩、すゑの自殺と遺書
第三一面～第三二面　本隊の出発

第三一面と三二面は本隊出発のシーンである。「倅《せがれ》の死んだ遼陽といふところを見て死にてえ」と渡満する七七歳のくめ、すゑの遺骨を抱くふくに言葉をかける由井と、「では行って参りやす」と別れをつげる堀川が描かれている。

第三一面
（由井）「おくめさん、あんたも長生きして下さいよ。」
（くめ）「はい、おら、この年で満州へゆけるやうになつて
全く長生きした甲斐がありやしたよ。
倅の位牌が傍にありや、どんなとこだつて喜んでゆきやすよ。」

【図 26　紙芝居「大日向村」第 32 面】

（由井）「おふくさんも元気だねェ。
督促々々でいぢめたが、悪く思はないでな。
それからな、辛い想ひ出ツうもんは
満州で忘れるこったよ。」
（ふく）「はい、お世話様になりやしたなア。」
（由井）「なんの〳〵。」

第三二面
（堀川）「元村の皆さん！
わしらは之から満州で根かぎり働きやす。
わしらのあとについて
第三、第四の大日向村を作つて下せえ。
では行つて参りやす。」
「万歳！　万歳！
満州大日向村万歳」

小説と紙芝居

場面構成から明らかなように、紙芝居「大日向村」は、原作をベースにしながら、紙芝居の特徴を活かしたストーリーと描写になっている。

小説が詳しく説明した大日向村が抱える負債額、油屋による山からの締め出し、満州分村が決定する経緯、入植地の状況や、村長就任の夜に起きた藤太と金吾の事故死、最高齢の老婆はるの渡満は描かれなかった。分村計画からすでに四年。大日向村が分村計画を樹立した経緯を改めて説明する必要はないと考えたからであろう。

また、分村計画に反対する地主・商人として登場するのは油屋だけで、しかも小説に登場しない番頭が登場し、浅川の苦悩が油屋との対比のなかで描かれるなど、悪役としての油屋の存在が際立つようになっている。

一方、地主の天川や油屋とその分家筋に気兼ねし、分村計画に反対する農民は存在せず、浅川の前ではすべての農民が分村計画に賛同する構図となっている。さらに、浅川と堀川のセリフは演説風となり、小説にはない堀川の長セリフも挿入されている。

このように紙芝居は、浅川と堀川の指導力、満州分村をめぐる油屋と農民の対立、渡満をめぐる農民の苦悩に焦点があてて描かれた。

紙芝居においても、すゑの自殺は重視された。すゑの遺書は、小学校児童生徒でも理解できるように易しい文章に直され、第二九、三〇の二面にわたり語られる（ただし誰が遺書を読んだのかは不明）。そして、油屋への気兼ねから渡満に反対する村民に、「仲よく皆さんで満州へ行つて下さい」と満州移民を決意させるものとして描かれている。

【図 27　紙芝居「大日向村」第 15 面】

> できることならわたしも骨になつて　皆さんと御一緒に満州へ行きたいと思ひます。ここに埋けられたくはありません。ひとりではさびしくていやです。くるしいのです。では、さやうなら。すゑ。義治様。

この場面は、紙芝居「大日向村」のヤマ場として語られたことであろう。

しかし、新劇や映画で演出された、すゑの死が分村計画に対する村民の気持ちを一気に駆り立てる場面や、渡満に反対であった義治の母うめとふくがすゑの意思を汲み取り賛成派に廻る場面はない。

紙芝居のなかの満州

紙芝居のなかで満州が登場するのは、現地視察の堀川が満州に立つ場面（第一五面）と満州大日向村（第三三面）の二回に過ぎない。いずれも映画の一シーンを素材として描いたものである。

【図 28　紙芝居「大日向村」第 33 面】

　現地視察の堀川が満州に立つ場面では、「この五十六歳の　佐久弁丸出しの山男が　単身　日本海を越えて大陸に渡つて行つたことは、この山蔭の半日村の人々にとつては全く驚愕に値する大事件であつた」いう文章のみで、満州に関する説明はない（図27）。

　しかし、紙芝居の最終面で初めて登場する満州大日向村は、トラクターを背景にした「地平線の彼方まで脈々と波打つ沃土」として、太陽が「真赤に燃あがる」正真正銘の「大日向」村として、モノクロの映画とは異なり、紙芝居を見るものの視覚に訴えるように色彩豊かに描かれている（図28）。

第三面

満州大日向村　万歳！　見よ！
今新大陸の新原野は
真赤に燃えあがる。
地平線の彼方まで脈々と波打つ沃土に
われらのトラクターは進む！
鍬をふり
斧を打ち
雄飛日本の先駆者！
おお
満州大日向村　栄光あれ！（終）

するゑが遺書のなかで記した「おツ母さんも手をさゝらのやうにして炭俵あみなんかせず

ともよくなり」、「若い娘たちに一日中紡績の綿ぼこりを吸はせなくとも　らくに暮しはつく」満州大日向村は、紙芝居の特徴でもある色彩を最大限に活かした明るいタッチで、文字通り「大日向」村として描かれている。

紙芝居の効果

日本教育紙芝居協会は、各都道府県や市町村と連携し、退役した軍人の団体である在郷軍人分会、一九四〇年一〇月新体制運動の指導的組織として結成された大政翼賛会、企業などの団体や教育関係者、日中戦争に協力するために工場や職場に組織された産業報国会の指導者を対象に、紙芝居講習会を開き、紙芝居の実演や実演指導を行った。

国策紙芝居の演者は、日本教育紙芝居協会から派遣された職員、協会の各地域支部員、映画講習会で指導を受けた役場吏員、警察官、常会指導者、教員であった。国策の宣伝や大衆の動員のために紙芝居を実演するため、脚本通りに朗読調にセリフを語り、自分勝手なセリフを付け加えることは出来なかったという。

一九四一年八月二五日から四日間、産業報国会中央本部と長野県産業報国会の主催により、長野県内の一三か所で紙芝居講習会が開かれた。この時、屋代町（現更埴市）で二時間に及ぶ講習会の講師を務めた協会職員は、講習会の最後に参加者から紙芝居「大日向村」の実演を求められ、三〇分余り実演した。「文化的に恵まれない所で、紙芝居が如何に生かされなければならないかゞはつきり判つて貰へた」、「実演で紙芝居をより一層身近かな事としての感銘を深めた」と感想を述べている（小林英一「長野県産報講習会の記」『教育紙芝居』第四巻第九号、九月二〇日）。

こうした実績はあるものの、紙芝居「大日向村」が満州開拓団政策にどの程度の影響を与えたのかは不明である。一九四二年一月一〇日に発行された『紙芝居』（この年、『教育紙芝居』は『紙芝居』と改められた）第五巻第一号に掲載された「日本教育紙芝居協会作品目録」によると、「大日向村」は「銃後生活」に分類された。しかし、一九四三年一月一〇日に発行された『紙芝居』第六巻第一号の「銃後生活」に、紙芝居「大日向村」は見当たらない。第六巻第四号（四月一〇日発行）に掲載された「日本紙芝居協会作品目録」では「品切絶版作品」となっているのである。

「伸びる分村・微笑む母村」

紙芝居「大日向村」が製作されたころから、大日向村／満州大日向村に関する報道は、

「その後の……」という形容詞が付けられ、分村の完成と母村の経済更生の進捗状況を報告するものとなった。

内閣情報部が発行する『写真週報』第一五七号（二月二六日）は、一九四一（康徳八）年四月に村制が引かれ、正式に「満州大日向村」となる満州大日向村を、「その後の大日向村――希望に燃ゆる開拓地報告書」と題し、「陣容を整へた小学校」の写真を掲げ、「早くも三周年を迎へた同村の発展ぶりは目覚ましいものがある」「閑暇の多い冬の夜には誠に意義深くまたたのしい団欒が訪れる」「八紘一宇の大理想を大陸に顕現する新らしい世紀の花がこゝ四家房に燦然《さんぜん》と開かうとしてゐる」と報じた。

また、『信濃毎日新聞』では、一九四二年六月、「開拓地の戦果　現地報道隊員記」と題する連載のなかで、「苦闘五年茨の道　拓け行く分村の実態」（六月二四日）、「七百町歩の田畑（見事耕作）　誇る農家の諸施設」という見出しを掲げて分村の歴史を伝えた。一一月七日には「羨ましい限り　大日向村の此の頃」と題して、「満州大日向村の青年の稲刈り共同作業」の写真を掲げ「兎に角一望千里見渡す限り稲又稲の波で稔りの秋など実に何ともいはれぬ風景」で「特に今年はその出来栄えが良く、刈取り期には村の青年男女が十人二十人で班を作り共同で稲刈りをやつてゐるが全く大いしたものでうらやましい限りで

伸びる分村・微笑む母村

満洲開拓十年の跡 ①

昭和七年四月、[illegible]大臣は、[illegible]「在郷軍人を以て吉林省屯墾[illegible]を編成し、吉林省以北方に永久駐屯せしむる件」その七月、折から來満中の加藤完治氏は、奉天で東宮大佐と相会した、両先覚者の意見は完全に一致し、加藤氏は日本内地において入植者の銓衡と訓練に専念し、大佐は満洲において入植後の指導一切を担当するといふ約束が出来上つた、この歴史的な奉天の一夜から――早くも満十年、初期"屯墾隊"の若い者は、開拓村の子供達へ、その母が物語る昔話となつてゐる、昭和十一年、満洲開拓民事業は日満両国の国策として確立し、百万戸二十箇年計画は樹立された、開拓国策達成上の一大眼目たる分村、分郷入植こそは、この任務達成の最も堅実にして効果的な手段であつた、まことに、これら数十百の分村、分郷は、王道満洲にあつては五族協和の中核となり、日満を結んでは一体の血脈として偉大な役割を遂行しつゝある、まさしく大東亜建設の栄えある将来を卜するに足るものといふべきである（写真は分村大日向村で子供達と語る堀川団長）

舒蘭大日向村開拓団

（大日向村にて井之丸特派員）分村開拓団の嚆矢大日向村が内地農村再建成の好標本として喧伝されてから早五年になる、信州の母村は狭隘さで猫額大の山腹に生きて来た村だが米麦の[illegible]、事務の共同[illegible]等々時代に魁けて生活を統制合理化したものの年々増加する人口の口には勝てず遂に母村の[illegible]堀川団長（？）は母村四百六戸のうち百戸を死んでも生きて[illegible]、とにかく村から出ようと決意して昭和十三年二月十一日先遣隊三十七名を引率して吉林省舒蘭県へ入植したのだつた、以来[illegible]

【図29　1942年9月19日付『東京朝日新聞』】

あった」と報じた。

さらに、九月に「伸びる分村・微笑む母村――満州開拓十年の跡」を連載した『東京朝日新聞』は、大日向村を最初に採り上げ（九月一九日）、満州大日向村について「喘ぎ暮したも今は夢　煉瓦造りで学校や本部も出来た」という見出しを掲げ、「時代の先駆となって母村の窮乏を救ひ、母村以上の豊かな分村を築いた大きな事実は無視することは出来ない」と報じた。一方、母村に関しても、一戸当たりの耕地面積は二倍に増えたこと、四七〇〇町歩の村有林の処理により二万円の収入が生まれたこと、一九四二年度から「母村経済文化三年計画」を定め、開拓会館の設置・貯水池の建設などを行う予定であることを伝え、「負債と貧困に喘いでゐた面影をきれいに払拭して、分村に劣らず健やかな更生の途上にある」と報じた（図29）。

「伸びる分村・微笑む母村」は、カメラを通じても描かれた。拓務省のカメラマンとして一九三九年以降三回にわたり渡満し、開拓地の撮影を行った熊谷元一（阿智村出身の写真家・童画家）は、一九四三年九月に満州大日向村を訪問した（「昭和十八年の満州の旅」）。

この時撮影した写真は、メディアを通して公表されたかどうかは不明で、しかも東京大空襲で多くが焼失したという。しかし、辛うじて焼失を免れ、現在、熊谷元一写真童画記念館に所蔵される、村役場、畳の部屋に仏壇やタンスが置かれ、床の間には掛け軸が架けられた住宅、満州大日向国民学校の運動会など八枚の写真は、「恵まれた満州の生活というイメージを強く発信している（『長野県の満州移民―三つの大日向をたどる』）。

しかし、この頃になると、大日向村や満州大日向開拓団に関する報道は非常に少なくなっていた。一九四一年一二月に政府が策定した「満州開拓第二期五ケ年計画要綱」により、満州移民政策の重点は、「佐久郷」に代表されるような戦時統制経済によって転廃業を余儀なくされた中小商工業者を移民として送り出す、大陸帰農開拓団（転業開拓民）や、戦争完遂に向けた食糧増産を可能にする戦時下のモデル農村（「皇国農村」）を創出する分村・分郷移民となっていたからである（「アジア・太平洋戦争期における『満州分郷移民』の展開」）。

こうした新たな満州開拓政策のなか、大日向村／満州大日向村がメディアに登場する機会は大幅に減少していくことになった。

描かれる軽井沢大日向——エピローグ

引き揚げ

満州大日向開拓団が、舞鶴・佐世保・広島・名古屋を経由して、母村大日向に帰郷したのは、一九四六（昭和二一）年九月一三日のことであった（図30）。

今ぞ郷土へ
大日向村還る
苦闘を胸に秘め
たゞ自分を頼るのみ
途中胸に迫つた学生の援護

【図30　1946年9月14日付『信濃毎日新聞』】

「髭はのび顔はすゝけ、真新しものとては樫木の下駄と草履のみ、男も女も、老婆も、そのつかれ切つた姿は一見して満州での苦闘がしのばれる」（九月一四日付『信濃毎日新聞』）。満州分村第一号の満州大日向開拓団の帰郷記事を、長野県民はどのような想いで読んだのだろうか。

また、九月一四日付『夕刊信州』は、「水で飢ゑをしのぎ　全員決死の脱出行　遺骨抱九年ぶり

〝故郷〟へ」の見出しを掲げ、「ボロ〴〵の衣服に汗にまみれたリユツクを背負つて、憔悴した姿」で長野駅に降りた一行の帰郷までの歩みを、「前団長堀川清躬氏の遺骨を抱いた」堀川源雄《もとお》団長の言葉として次のように伝えた。

終戦直後から毎日五、六千名の土賊《どぞく》に襲はれた大日向村は、一朝にしてすべての持物を悉《ことごと》く持去られ、全団員は着のみきのまゝで、昼は防備に当り、夜になると稲刈りをやつて生命をつないでゐた始末でした。九月二十二日、全員は死を覚悟して、長春へ徒歩で出発しましたが、二十六日長春へ着くまで、食糧は一粒もなく全員の九割までが発疹チフスに侵されながら水だけで飢をしのいで来ました。長春についてから陸軍病舎で十ケ月難民生活をつゞけ、七月十七日長春を発つてから恰度一年二ケ月ぶりで内地の土を踏みました。佐世保でコレラ患者一名が発生したゝめ五十日間同地に滞在し漸く今日還ることが出来ました。

一九四五年八月一五日、ラジオ放送を通じて日本の敗戦を知った大日向開拓団では、武器弾薬を舒蘭県公署に引き渡し、しばらくは平穏であったという。しかし、九月三日の第五部落への現地民による襲撃を契機に暴動が起き、九日には六〇〇〇〇人に及ぶ現地民が来襲し、徹底した掠奪《りゃくだつ》を受けた。二四日、ソ連軍から退去命令が下り、新京（長春）の元陸軍官舎での避難民生活が始まった。酷寒の地での生活、発疹チフスをはじめとする各種の病気の蔓延、劣悪な栄養状態と相まって、毎日のように死者が発生し、一九四六年二月一六日には堀川清躬団長が死去した。故郷へ帰るための苦しい生活が続くなか、七月一七日に新京を出発し、二四日に胡蘆島《ころフールータオ》を出発し、二八日舞鶴に入港したもののコレラ患者の発生のため上陸中止となり、佐世保港へ回船され、沖合で四三日間の停船を余儀なくされたという。九月九日、佐世保港への上陸が許可され、九月一〇日、佐世保駅を出発し、帰村したのである（『長野県の満州移民―三つの大日向村をたどる』）。

しかし、故郷に無事帰りつくことができた団民は三八九人で、八月九日のソ連参戦時に在籍した人数七九六人の四九％にすぎなかった（『佐久町誌　歴史編三　近・現代』）。しかも、「大日向村開拓団の人々にとって夢にまで見た内地への引き揚げも、実際には場所を変えた難民生活の延長でしかなかった」（『満州・浅間開拓の記』）。

こうした状況を受け、早くも、帰郷後半月後には、「村としては一応田畑の開拓計画をたてゝはゐるが、好条件ではないので、村内に残るのか、いづれか適地を見つけ再開拓するか」の検討が始まったことが報道された（九月二八日付『信濃毎日新聞』）。

浅間山麓への再入植

一九四七年一月二〇日、大日向開拓団（満州開拓団は一七日に解散）の再入植地が、浅間山麓の追分国有林地に決定した。八ヶ岳東山麓の海抜一三五〇mの高原（野辺山地区）、岩手県八幡平山系の原野（荒沢地区）などの候補地のなかから、第二候補であった軽井沢を選択したのである。

満州開拓団の先遣隊が入植日に選んだとされる二月一一日にあわせ、先遣隊三七人が入植した。午後一時三〇分から行われた入植式（「入鍬式」）と、その後の披露宴に出席した浅川武麿は、「引揚開拓民ノ引揚後ノ再入植」について、「其ノ責任ヲ感ジ居タル処、本日ヲ以テ重荷ヲ下ロシタルヲ感ズ。各方面ヨリノ支援ノ感謝」と、二月一一日の日記に記している（『昭和二十二年度　新当用日記』）。

そして、四月一七日、家族を含む本隊（六五戸一六五人）が入植、軽井沢大日向開拓団としての生活が始まる。六五戸のうち、夫婦ともに健在な世帯は七戸にすぎず、男世帯一六戸、女世帯一三戸と、「まさに傷だらけの集団」であった（『満州・浅間開拓の記』）。

引き揚げから、浅間山麓への再入植は、『信濃毎日新聞』をはじめとする新聞各紙や週刊誌でも報道された。

例えば、『週刊朝日』一九四七年七月一三日号の「希望の村」記事は、「浅間を仰ぐ新天地　その後の大日向村」と題して軽井沢大日向開拓団の生活状況を伝え、「大日向開拓団が比較的成功しているのは、最初から一貫した組織による根つからの開拓団であるため、心からの愛情が強い団結精神となつて根を下しているからだ」、「全員入植以来二ケ月余りで五町歩を切り拓き、一歩の後退もみせない力強さは、やはり附けやきばでないことを思わせる。近づく秋の収穫をただ一つのなぐさみとして、営々とたゆまぬ第二大日向村の姿こそ、敗戦から起ち上る日本全体の手本ではないだろうか」と報じた。

一方、新聞報道で注目されるのが、八月七日付『信濃毎日新聞』に掲載された「その後を訪ねて」と題する連載記事である。「今は忘れられているが、かつて県民に印象深かつた人なり事件」についての「その後」を伝える連載の二回目に大日向村が登場したのである。

「かつて開拓村として映画や小説にまでされた大日向村――。あれから丁度十年、耕地狭小を移民で解決しようとした母村が、いま果して充分な田畠に恵まれているであろうか。

また満州から食うや食わずで引きあげてきた開拓民たちは、どんな生活をしているであろうか」で始まる記事では、「大日向村　昔を夢の大景気　帰村者は第二の拓地で又一苦労」という見出しのもと、「日収が五百円」「満州の話大きらい」「再び拓地求めて」「苦労」が団結の礎」「後家、ヤモメが多いけれども…」の五つの小見出しをかかげ、まず、母村が次のように報道された。

敗戦後の物価の急騰によつて、薪作りや炭焼きを生業とする村民のフトコロには思わぬ大金が転げこんだ。分村当時三万円の村の予算に税金の滞納が一万円もあつた貧乏村も、今では予算四十二万円、滞納はもち論全然ないという有様。炭焼きが休みの夏の間、村人たちは一日五百円もの収入になるキワダの樹皮むきや薬草採取に大童、この収入だけでもざつと三十万円だという。大体農業会の貯金が三百五十万円近く、これに銀行預金や手持の現金を加えれば一戸一万円は下るまいという景気だ。それかあらぬか最近村人たちの間には「何もすき好んで苦しい開拓などせずとも」と開拓への情熱が次第にうすれて来ているとか。

こうした母村の「夢の大景気」報道のなか、浅川武麿の近況も触れられ、「分村計画を作つた当時の浅川村長を訪えば、ウサギの箱を作つているところで「満州の話をされると身ぶるいするようです。この上は引揚げて来た人たちの更生を祈るばかりです」と言葉すくなに語つたゞけだつた」と報じられた。浅川は、一九四五年三月一日、多年満州開拓事業に尽力した功労者の一人として、大東亜大臣の重光葵から表彰されていた（『信濃開拓時報』第一〇号、一九四五年四月）。「この上は引揚げて来た人たちの更生を祈るばかりです」と言葉少なに語る浅川の心中はどのようなものだったのだろうか。

一方、「第二の開拓地」である軽井沢大日向については、「帰村者は第二の拓地で又一苦労」という見出しに続き、以下のように伝えられた。

話は第二の開拓地へ移る（中略）。これが満州大日向村の生き残り百九十名が去る四月以来営々として開墾のクワを振つた「新しき土」なのだ（中略）。団員の大半を失い、辛うじて生き残つた三百名がリック一つで内地にたどりついたのは昨年九月だつた。迎えてくれた母村の人達の親切は昔に変らぬあたゝかいものだつたが、しかし引揚者三百名を容れるには母村は余りにも狭かつた。いつたん解散した開拓団も新しき土を求めて新団長堀川源雄氏のもとに再び結束した。去る二月十一日クワ入れしてから三カ月、既に二十町歩が見事な畑となって、じゃが芋が植えられ、あわがまかれたのである。じゃが芋の真中には十馬力の移動製材機がとりつけられ、周囲は材木の山だ。九月中には住宅五十戸を建設して現在の共同生活から移るという。「完成の時期を二十四年としているが、完了の暁には耕地採草地合せて一戸当り四町歩にする計画だ」と語る堀川団長の楽しいユメ、その夢は米づくりへも飛躍する。本部前の五坪ばかりの水田には、稲が見事に生育している。こゝは海抜千百米の高冷地で試験的にやつてみた稲作だが生育状態は上乗だとすこぶる自信たつぷり（一九四七年八月七日付『信濃毎日新聞』）。

「満州から帰つてきた人たちへ解放する耕地はほとんどなく、大部分の復員者たちは懐しい故郷に身を休めるヒマもなく軽井沢に新たな土地を求めて移る」状況、また、軽井沢大日向の食糧事情や住宅問題は小さく取り扱われ、「母村」の「夢の大景気」や「第二の開拓地」の「新しい村づくり」「楽しいユメ」だけが強調されている。

まさに、戦前の「伸びる分村・微笑む母村」の報道を彷彿とさせる記事である。大日向村の描かれ方は、戦前とは変わっていないように思われる。

信濃毎日新聞

昭和22年10月8日（水曜日）

秋冷の信濃路に陛下を迎う

浅間おろし浴びて
大日向村を御激励
きよう越路へ向わる

【図31　1947年10月8日付『信濃毎日新聞』】

昭和天皇の巡幸

このような大日向村に再び大きな光が当てられた。昭和天皇の巡幸である（図31）。

昭和天皇は、一〇月七日から一五日、甲信越三県で民情視察（「地方状況御視察」）を行った。「ねずみ色のソフト、地味な玉虫色のネクタイに薄茶の背広姿」の昭和天皇が、軽井沢町の奉迎場を経たのち、軽井沢大日向―千ケ滝開拓地大日向地区―を視察したのは七日午後である。

開拓地入口で下車した昭和天皇は、開拓者代表の大日向開拓農事実行組合長（大日向開拓団長）堀川源雄《もとお》の先導により、「郡民の奉迎を受けられつつ雑木林の小径を歩いて登られ」、御野立所《おのたてしょ》（天皇が野外で休憩した場所）において、堀川より「満州開拓移民としての境涯及びその引揚後の開拓事業の状況」について、長野営林局長の太宰哲一郎より浅間山麓一帯の造林状況について説明を受けた。続いて堀川の先導で、「開拓村において建築中の開拓民住宅等を御覧になり、住宅前道路に整列する組合員等に激励のお言葉を賜う」。

また、小林只雄県議会議員の説明により、「アンゴラ兎、白い家兎など代表的な県の養兎（十五羽）」を御覧になった。後日、開拓地への行幸に寄せ、「浅間おろしつよき麓にかへりきていそしむ田人たふとくもあるか」とうたった（『昭和天皇実録』第十）。

大日向開拓団の視察は一時間余りであった。昭和天皇を迎えた大日向開拓団民の様子を、侍従長として巡幸に同行した大金益次郎は、次のように記した。

浅間山の中腹、標高千百米といふ高冷地に開拓の鋤を振ふ人達、それは嘗て分村開拓移民として満州の野に奮闘し、大日向村として世に謳《うた》はれた人達の、帰来して再起しつつある姿である。

陛下の御前に立つて、終戦の乱離の際に、母国を指して引揚げ帰る千辛万苦の境涯を申上げる団長の声は、幾度か涙に曇つた。しかし、彼等が転落せる現在の無一物より、更に再出発せんとする気力は、まことに敬服に値する。

彼等はこの高冷の地に蕎麦をつくり、麦をつくり、野菜を作り、更に甘藷をも作つたといふ。その精進努力は驚嘆すべきものである。

彼等は現在の合同宿舎から、各独立の住宅へと発展せしむべく、資材器具等も逐次整備して、現に相当数の住宅は実現を見てゐる。優れたる指導者と、協同精神と組織力と、更に海外における経験とが、この難行を成就せしめつつあるものと思ふ。

陛下も定めし彼等の前途幸あれと御心の裡《うち》に祈られたことであらう。彼等はまた陛下の御後を慕うて、何処までも、何処までも、山を下りて来て、名残惜しげに万歳を唱へて居つた（『巡幸余芳』）。

陛下の前で「千辛万苦の境涯」を読み上げた堀川源雄に対し、昭和天皇は「開拓の仕事は、国にとっても重要なものですから、頑張ってください」と述べ、子ども達には「りっぱな日本人になってください」と声をかけたという（『満州・浅間開拓の記録』）。

国策と皇室

昭和天皇の大日向開拓団視察の写真は、翌年元旦、信濃毎日新聞社から発行された『秋の信濃路　巡幸記念写真帳』に六枚収録された（図32）。このなかの一枚、「満州からよく帰つて来たネ、困難もあろうがしつかりやってネ」というキャプションがついた写真には、以下の様な文章が添えられた。

「陛下が来て下さる」

はる〴〵満州から引揚げてここ浅麓に第二の新しき土を求めて働く大日向開拓村の人々は御到着の前々日から奉迎についていろ〳〵心をくだいた。赤飯はとても炊けぬ。

結局白米一升を神前に供えたのち各戸ごとにおひねりとして二勺

【図32『秋の信濃路　巡幸記念写真帳』】

ずつ配り、それを麦に加えて炊いた御飯にイモ、コンブ、ミガキニシンの煮込み、大根の時漬、それにみその入らない塩汁……これがこの人々の今日の喜びを表わす心からの献立であつた（『秋の信濃路　巡幸記念写真帳』）。

一九三八年二月の舒蘭県四家房への入植、四月から一〇月にわたる第一次・第二次本隊や第一次・第二次家族招致隊の出発から十年。「村を真二つに割って」満州に村民を送る「単村式満州分村」のモデルとなった大日向村は、満州大日向村とともに、『拓け満蒙』『アサヒグラフ』をはじめとする雑誌や新聞、小説『大日向』、新劇『大日向村』、映画『大日向村』、紙芝居『大日向村』などを通じて華々しく描かれた。そして今また、満州大日向村の歴史を受け継いだ軽井沢大日向は、昭和天皇の巡幸という光が当てられ、『巡幸記念写真帳』のなかで三たび大きく描かれた。〝国策〟という太陽に代わり、〝皇室〟という新たな太陽が当たるなか、「大日向村」の新たな歩みが始まったのである。

あとがき

大日向に初めて足を運んだのは平成一〇年六月である。秋に予定していた地域研究実習の下見で八千穂村（現佐久穂町）を訪れた際、小海高等学校教諭（現野沢北高等学校長）の田澤直人氏が車で、当時佐久町の大日向を案内してくださった。そのとき目にした、十石峠から下る武州街道や抜井川沿いの集落の印象は、私が抱いていた満州分村のイメージとはかけ離れたもので、私の故郷である高遠町藤沢（現伊那市）―杖突峠から下る杖突街道や藤沢川沿いの集落―と同じ普通の山村であった。

八千穂村・臼田町（現佐久市）を経て、大日向で実習を始めたのは平成二一年度からである。だが、最初の六年間は、当初計画していた満州分村の記憶ではなく、社会組織・生業・葬送儀礼などの生活文化に関する調査が中心であった。当時はまだ満州分村の記憶に関する聞き取り調査が憚られる雰囲気があった。

平成二七年八月二二日、天皇・皇后両陛下が軽井沢大日向開拓地を訪れ、元開拓団員らでつくる大日向進興会員の方々と懇談された。翌二三日付『信濃毎日新聞』によると「懇談は戦後70年の節目に両陛下が望まれた」もので、懇談に先立ち両陛下は「大日向開拓記念館で開拓団員が使ったのこぎりやくわなどを見学。キャベツなどが植わる開拓地内も散策」されたという。この記事を目にした私は、この年から満州分村の記憶について調査することを決め、佐久穂町大日向地区だけでなく、「第三の大日向」と称される軽井沢町長倉大日向地区においても、満州分村の体験者を中心に、満州分村の記憶に関する聞き取り調査を始めた。

現在、両地区に在住する満州分村を直接体験された方（正確には私や学生が直接聞き取り調査を行った方）は七人に過ぎない。満州分村の記憶をお持ちの方々も年々減少し、旧大日向小学校（佐久東小学校）も平成二三年度で閉校するなど、満州分村の記憶は確実に風化しつつあることを実感した。

もっともこれは、「第二の大日向」である旧満州大日向村でも同様であった。平成二八年八月、私は大学の指導学生で東北師範大学（吉林省長春市）に留学していた新谷千布美氏（現朝日新聞社広島総局記者）とその友人と共に満州大日向村があった四家房を訪問し、開拓団本部・大日向小学校・大日向神社や第一から第五部落の跡地を歩き、聞き取り調査を試みた。しかし、入植からすでに七八年、軽井沢への引揚げから六九年を数え、歴史の舞台や痕跡を確定し、開拓団員の生活の記憶を書き留める作業は非常に難航した。

本書は、こうした満州分村の記憶の風化という現実をふまえ、「満州分村のモデル」とされた大日向村に幾ばくかの光を当て、大日向村の足跡を照らし出すことを試みたものである。

本書の執筆を終えて感じたことは、満州分村の決断・先遣隊の送出（一九三七年）、四家房への入植・本隊や家族招致隊の送出（一九三八年）から、戦後の浅間山麓への再入植・昭和天皇の巡幸（一九四七年）までの一一年間、大日向村にはあらゆる角度から光が当てられたこと、そして、ここまでメディアで語られ、描かれた満州分村は他にはなかったということである。

ところで、私が勤務する筑波大学があるつくば市は、全国一の芝の生産地である。この「つくば芝」を最初に栽培したのが、戦後、陸軍西筑波飛行場跡地（現つくば市西高野白水）に入植した、現在「第四の大日向」とも称される、大日向村や満州大日向村の方々である。満州分村の歴史は、私にとって身近な地域でも刻まれているのである。

本書の執筆にあたり、現在も実習でお世話になっている佐久穂町公民館の大工原千恵氏から様々なご指導を賜った。また出版に際しては、信濃毎日新聞社メディア局出版部菊池正則氏にお世話になった。心よりお礼を申し上げます。

二〇一八年六月

伊藤　純郎

主要参考史料・文献

史料

浅川武麿「大日向村分村の話」（日本放送協会長野報道局編『開設十周年記念　みすずかる信濃』長野放送局、一九四一年）
朝日新聞百年史編修委員会編『朝日新聞社史　大正・昭和戦前編』（朝日新聞社、一九九五年）
厚木市立中央図書館編『和田伝　生涯と文学』（厚木市立図書館叢書Ⅰ、厚木市教育委員会、一九八八年）
大金益次郎『巡幸余芳』（新小説社、一九五五年）
大日向分村開拓団開拓史編纂委員会編『満州・浅間開拓の記―長野県大日向村開拓団の記録』（銀河書房、一九八三年）
宮内庁編『昭和天皇実録』第十（東京書籍、二〇一七年）
佐久郷刊行委員会編『佐久郷』（一九九五年）
佐久町誌刊行会編『佐久町誌　歴史編三　近・現代』（佐久町誌刊行会、二〇〇五年）
拓務省拓務局編『満洲農業移民の現況』（一九三八年）
拓務省拓北局『満洲開拓民概要』（満洲開拓資料第五輯、一九四一年）
東京帝国大学農学部農業経済学教室『分村の前後』（岩波書店、一九四〇年）
長野県『満洲農業移住地視察報告』（経済更生参考資料第三五輯、一九三八年）
長野県開拓自興会満州開拓史刊行会編『長野県満州開拓史』総編・各団編・名簿編（一九八四年）
長野県更生協会編『大日向分村計画の解説』（更生協会叢書第五号、一九三八年）

長野県立歴史館編『長野県の満洲移民―三つの大日向村をたどる』（二〇一二年）
農村更生協会・満洲移住協会編『分村計画を語る』（満洲移住協会、一九三七年）
農林省経済更生部編『新農村の建設―大陸へ分村大移動』（東京朝日新聞社、一九三九年）
服部一馬『分村計画の展開とその問題―第一期五ケ年の成果への反省』（東亜経済研究報告第三号、東京産業大学東亜経済研究所、一九四五年）
富民協会編『財団法人富民協会十年史』（富民協会、一九三七年）
富民協会編纂・発行『開拓村を現地に見る――満洲開拓農村視察記者団記録』（一九三九年）
満洲開拓史刊行会編『満洲開拓史』（一九六六年）
歴史教育者協議会大学部会満州移民研究会編「大日向村満州移民聞き書き」（山田昭次編『近代民衆の記録　6満州移民』新人物往来社、一九七八年）
和田傳『大日向村』（朝日新聞社　一九三九年）
和田傳『開拓文学叢書　普及版　大日向村』（朝日新聞社、一九四一年）
和田傳『和田傳全集　第一〇巻』（家の光協会、一九七九年）

文献

安志那『帝国の文学とイデオロギー―満洲移民の国策文学』（世織書房、二〇一六年）
池上甲一「「満州」分村移民の論理と背景―長野県大日向村の事例研究」（『村落社会研究』第一巻第二号、一九九五年三月）
石山幸弘『紙芝居文化史―資料で読み解く紙芝居の歴史』（萌文書林、二〇〇八年）
伊藤純郎「語られた満州分村移民、描かれた大日向村、満州」（『信濃』第六二巻第二号、二〇一〇年二月）

伊藤純郎「満蒙開拓青少年義勇軍と信濃教育会覚書き」(『信濃』第六五巻第一一号、二〇一三年一一月)
尾崎秀樹「「満洲国」における文学の種々相――ある伝説の時代」(『旧植民地文学の研究』勁草書房、一九七一年)
加藤聖文『満蒙開拓団―虚妄の「日満一体」』(岩波書店、二〇一七年)
姜泰雄「満洲開拓団映画「大日向村」を通してみた満洲国の表現空間」(『瀚林日本学』第二一輯、二〇一二年一二月)
熊谷元一「昭和十八年の満州の旅」(『郷土史巡礼』第六号、阿智史学会、一九九四年)
佐用忠男「国家に管理された映画」(今村昌平・佐藤忠男他編集『講座日本映画』第四巻、(岩波書店、一九八六年)
佐藤忠男『日本映画史』第二巻(岩波書店、一九九五年)
杉林隆『昭和戦前期の日本映画』(鳥影社、二〇〇三年)
田中純一郎『日本映画発達史』Ⅲ(中公文庫、一九七六年)
田中益三「『大日向村』という現象―満州と文学」(『日本文学誌要』第三八号、一九八七年一二月)
塚田博之「視察新聞記者団の見た満洲大日向村―富民協会主催満洲開拓農村視察から」(『信濃』第六八巻第一一号、二〇一六年一一月)
中村翫右衛門『劇団五十年――わたしの前進座史』(未来社、一九八〇年)
畠山次郎『実説大日向村―その歴史と民俗』(郷土出版社、一九八二年)
二松啓紀『移民たちの「満州」―満蒙開拓民の虚と実』(平凡社、二〇一五年)
古川隆久『戦時下の日本映画』(吉川弘文館、二〇〇三年)

細谷亨「アジア・太平洋戦争期における『満洲分郷移民』の展開」（『三田学会雑誌』第一〇七巻第三号、二〇一四年一〇月）
堀井正子「和田伝『大日向村』の屈折」（分銅惇作編『近代文学論の現在』蒼丘書林、一九九八年）
椋棒哲也「事変下の和田傳—「沃土」「大日向村」とその周辺」（『立教大学日本文学』第一〇八号、二〇一二年七月）
山畑翔平「昭和戦中期における満洲移民奨励施策の一考察—移民宣伝誌を通じてみた満州イメージとその変容」（『政治学研究』第四一号、二〇〇九年五月）
吉田健二「『労働戦線』の創刊と編集事情（1）—松尾洋・佐藤茂久次氏に聞く」（『大原社会問題研究所雑誌』第四九三号、一九九九年一二月）
吉葉愛「戦時下における紙芝居文化——大衆文化の受容と統制」（『昭和のくらし研究』第一〇号、二〇一二年三月）
若松伸哉「〈満洲〉へ移される〈故郷〉—昭和十年代・大陸（開拓）文学と国内文壇にあらわれた〈故郷〉をめぐって」（『国語と国文学』第八四巻第四号、二〇〇七年四月）
和田登『旧満州開拓団の戦後』（岩波書店、一九九三年）

年表

西暦	和暦	月日	大日向の動き	日本の動き
一九二九年	昭和四	一〇月		世界恐慌。昭和恐慌、繭価暴落。
一九三一年	昭和六	九月一八日		柳条湖事件（満州事変）。
一九三二年	昭和七	三月　一日		「満州国」建国。
一九三五年	昭和一〇	六月一二日	浅川武麿、村長就任を承諾。	
一九三六年	昭和一一	八月		広田弘毅内閣成立。満州移民送出の計画を立案。
		一二月		帝国議会で満州農業移民百万戸送出を決定。満州移民が国策となる。
一九三七年	昭和一二	三月二〇日	経済更生委員会、分村移民を経済更生計画の中心とすることを決定。	
		四月一六日	堀川清躬、満洲移民団の視察に出発（五月四日帰村）。	
		六月一〇日	満州国分村移民規定を決定。	
		七月　七日		盧溝橋事件（支那事変）。
		八日	第一次先遣隊、二〇人出発。	

一九三八年 昭和一三	八月 九日	第二次先遣隊、一七人出発。
	一五日	『大日向村報』創刊。
	一月二八日	大日向分村開拓地が吉林省舒蘭県四家房に決定。
	二月一九日	入植式。特別助成金交付内定。
	四月 一日	国家総動員法公布（五月五日施行）。
	一一日	第一次本隊、三一人出発。
	五月一六日	第二次本隊、一四人出発。
	七月 八日	第一次家族招致隊、一二〇人出発。
	一〇月一三日	和田傳、大日向村訪問。
	一六日	第二次家族招致隊、二〇人出発。和田傳、小諸まで同行。
一九三九年 昭和一四	三月二四日	第三次本隊、一八九人出発。
	四月一七日	島木健作、満州大日向村訪問。
	五月	満州大日向村の構成員は合計五四八人。
	六月 五日	和田傳、小説『大日向村』を朝日新聞社より出版。
	八月 三日	河原崎長十郎・中村翫右衛門ら前進座員五〇人、大日向村訪問。

一九四〇年	昭和一五	九月　七日	河原崎長十郎・中村翫右衛門、満州大日向村訪問（九日帰京）。	
		一〇月　一日	前進座、新劇「大日向村」を大坂中座で公演（二二日まで）。	
		一一月二三日	前進座、新劇「大日向村」を東京新橋演舞場で公演（一二月一七日まで）。	
一九四一年	昭和一六	二月一六日	映画「大日向村」の大日向村ロケ（一八日まで）。以後、計五回、延べ二二日ロケ。	
		八月一九日	河原崎長十郎、映画「大日向村」満州ロケ（二七日まで）。	
		一〇月三〇日	映画「大日向村」封切り。	
		三月一一日	野沢小学校にて、映画「大日向村」上映会。	
		四月　一日	村政施行、満州大日向村発足。	
		七月二三日	紙芝居「大日向村」、日本教育画劇株式会社より発行。	
		一二月　八日		アジア・太平洋戦争開戦。
一九四三年	昭和一八	八月	熊谷元一、満州大日向村訪問、撮影。	
一九四五年	昭和二〇	八月　九日		ソ連、対日宣戦布告。
		一五日		「玉音放送」。
			堀川清躬団長、開拓団の死守を伝え、団員も従う。	

		九月 三日	第五部落へ現地人襲撃。
		九日	数千人の襲撃、略奪にあって戦死・自決者二〇人余。
		二四日	ソ連軍から退去命令。新京（長春）に移動、旧陸軍官舎に収容される（二七日）。
		一一月 九日	緊急開拓事業実施要領、閣議決定
一九四六年	昭和二一	二月一六日	堀川清躬団長、死去。
		七月一七日	新京出発。葫蘆島出港（二四日）。
		二八日	舞鶴港沖合停泊、コレラ患者発生のため佐世保へ回船、四三日間停泊。
		九月 九日	佐世保入港。
		一三日	佐世保・広島・名古屋を経て、大日向村帰着。
一九四七年	昭和二二	一月二〇日	旧満州大日向開拓団、浅間山麓の追分国有林地への入植が決定。
		二月一一日	先遣隊三七人、入植式。
		四月一七日	家族本隊六五戸、一六五人、軽井沢へ入植。
		一〇月 七日	昭和天皇巡幸（軽井沢大日向開拓団視察）。

伊藤　純郎（いとう・じゅんろう）
1957年上伊那郡高遠町（現伊那市高遠町）生まれ。筑波大学人文社会系教授・比較文化学類長。博士（文学）。専門は日本近代史・歴史教育学。『郷土教育運動の研究』（思文閣出版、1998年。増補版、2008年）、『柳田国男と信州地方史―「白足袋史学」と「わらじ史学」』（刀水書房、2004年）、『長野県近代民衆史の諸問題』（共著、龍鳳書房、2008年）、『歴史学から歴史教育へ』（NSK出版、2011年）、『破壊と再生の歴史・人類学―自然・災害・戦争の記憶から学ぶ』（編著、筑波大学出版会、2016年）、『特攻隊の〈故郷〉霞ヶ浦・筑波山・北浦・鹿島灘』（吉川弘文館、2019年）など著書多数。『長野県民の戦後六〇年史』・『臼田町誌』執筆者、『佐久の先人』監修者。

Shinmai Sensho
信毎選書　26

満州分村の神話
大日向村は、こう描かれた

2018年6月28日　初版発行
2020年9月20日　第2版発行

著　　者　伊藤　純郎
発 行 所　信濃毎日新聞社
〒380-8546　長野市南県町657
電話 026-236-3377　ファクス 026-236-3096
https://shop.shinmai.co.jp/books/
印 刷 所　大日本法令印刷株式会社

ISBN978-4-7840-7331-3 C0395